天鐸語影

〔美〕钟天铎 口述
沈 鹰 编撰

苏州新闻出版集团
古吴轩出版社

图书在版编目（CIP）数据

天铎话影 / (美) 钟天铎口述；沈鹰编撰. -- 苏州：古吴轩出版社, 2023.12
ISBN 978-7-5546-2242-1

Ⅰ. ①天… Ⅱ. ①钟… ②沈… Ⅲ. ①钟天铎－事迹 Ⅳ. ①K837.125.72

中国国家版本馆CIP数据核字(2023)第227208号

责任编辑：鲁林林
见习编辑：刘　楠
装帧设计：苏州佳合艺辰广告有限公司
责任校对：戴玉婷
封面设计：王　玲
责任照排：刘雨馨

书　　名：天铎话影
口　　述：〔美〕钟天铎
编　　撰：沈　鹰
出版发行：苏州新闻出版集团
古吴轩出版社
地址：苏州市八达街118号苏州新闻大厦30F
电话：0512-65233679　　邮编：215123
出 版 人：王乐飞
印　　刷：苏州市墨利印刷有限公司
开　　本：787mm×1092mm　1/16
印　　张：15.25
字　　数：187千字
版　　次：2023年12月第1版
印　　次：2023年12月第1次印刷
书　　号：ISBN 978-7-5546-2242-1
定　　价：88.00元

序

徐建融

美术史论家　美术教育家
书画鉴定家　书画家

书画兼工，是中国书画史所推崇的，书则篆、隶、楷、行、草无所不精，画则山水、花鸟、人物无所不能，在整个书画史上也不多见。钟天铎君有书画兼工之名，篆、隶、楷、行、草无所不精，于山水、花鸟、人物无所不能。这样的人才出在古代，称得上十分稀罕，出在现代，更可以说是一个奇迹。

书也好，画也好，古人都称之为“心画”，因为它们不仅是书画家心迹的流露，更是书画家痴心的选择。天铎的痴心所在是艺术，而且是传统的艺术，所以，他最终走上这样的一条道路，是再也必然不过的事情。

他早年学习的是西画，包括素描、水彩等。但以他对于传统的痴迷，这样的艺术并不是真正称他的心，合他的意。20世纪60年代以后，传统成了被批判的对象，他却开始沉潜到传统之中，正式学习书法和篆刻，并不断地跑书店购买金石拓片以供研习。一面养成了收藏鉴赏的兴趣，一面又体古人之心，会古人之法，在实践中孜孜以求，逐渐在书法篆刻方面打下了坚实的基础并形成了个人的风貌。

天铎的书、印最早为人称道，在20世纪80年代初便脱颖而出，天铎其人成为书坛的新秀，受到众多名家的青睐和褒扬。其印从汉印入手，上溯三代，多以古玺文字、金文入印，布局于拙重中见灵巧，不事雕琢，而古意盎然，于明清流派之外自成家数。其书法则四体兼善：金甲文或用笔细挺，瘦硬通神中别有秀丽之气溢出；或用笔粗拙，参以草篆的率意，端庄凝重中又有跳宕之姿；隶书遍临汉碑，取精用宏，浑瀚雍穆，天岸开张；楷书取之魏晋，结字杂整饬于流丽，用笔寓婀娜于刚健；行草尤为擅长，糅以金石笔意，点画线条如万岁枯藤，痛快淋漓之中更见蕴藉沉着。

基于书印的心得和成就，在早年所学西画的基础上，天铎又于此际开始了国画的学习，并正式入大石斋之门，得到唐云先生的亲授。但他并不局限于在笔墨形式方面学老师，而是注重于从精神上学老师、学传统。以书印之功入画，吸收青藤、白阳、八大、石涛、蒲作英、吴昌硕诸家养分，为他所用。天铎的山水，以石涛为主，兼取董其昌，尤善以枯笔线条的飞白和泼墨块面的氤氲形成鲜明对比，同时又和谐统一，于两家之外别开生面。其花鸟或泼墨淋漓，或强笔硬翰，或沉潜如老僧补衲，或飞动如天马行空，配合了“介于似与不似之间”的形象挥洒，能尽大写意之致；偶作小写意，则又有韶秀明媚的意境。其人物虽然不多作，但偶有涉及，颇多意趣，如他的《钟馗图》，以泼墨减笔为之，于五官则细笔勾勒，活现出对象炯炯的精神。

天铎以传统书画艺术的继承、弘扬为己任。1999年他赴美定居，但他的目的，并不是为了离开民族的传统把自己变成一个西方人，而是为了把传统的书画艺术推介到西方世界去。所以，到了美国，他并不认为“外国的月亮圆”，而是深深地眷恋“月是故乡明”。他加入了美国华人艺术家协会、美国东西方艺术研究院，积极地发起组织纽约文物艺术品收藏协会，为传统文化的推介交流不懈地做贡献。同时，他不间断自己的创作，并以对西方文化的认识和理解，在传统的创新方面取得了新的成果。这一新的成果绝不是表现为因西方文化的影响而淡化传统，而是表现为因西方文化的影响而更加强化传统。所以，今天，天铎带着他的新成果回到祖国，正可以作为坚定我们继承、弘扬传统的信心的又一位现身说法者。

天铎以“受斋”颜其居。这个“受”字堪为其一生心境的写照。盖“受”有四意。一是接受：在他几十年的成长、成才过程中，得到了许多朋友、师长的帮助、提携，所以他永远满怀感恩。二是遭受：他童年患小儿麻痹症，一生不良于行，但他乐天安命，绝不怨天尤人。三是忍受：足疾，给他的学习、生活、工作带来了种种的限制，却更坚定了他坚韧不拔、自强不息的精神。四是适合：不良于行者敏于手，他选择书画艺术作为自己的人生寄托，实在称得上是“天作之合”。

“江山代有才人出，各领风骚数百年。”伴随着中国综合国力的迅速增长，传统的书画艺术正进入一个新的振兴时代，天铎的艺术生涯也必将层楼更上。

2006年6月于海上长风堂

目录

序　徐建融

第一章　童年与家庭　1943—1948　001

第二章　少年立志　1949—1964　015

第三章　坎坷人生　1965—1979　049

第四章　天道酬勤　1980—1985　073

第五章　走出国门　1986—1998　107

第六章　师事名家　1990—1998　141

第七章　游艺美国　1999—2004　171

第八章　北京圆梦　2005—2016　187

第九章　艺海无涯　2017—2023　215

后记　沈鹰　227

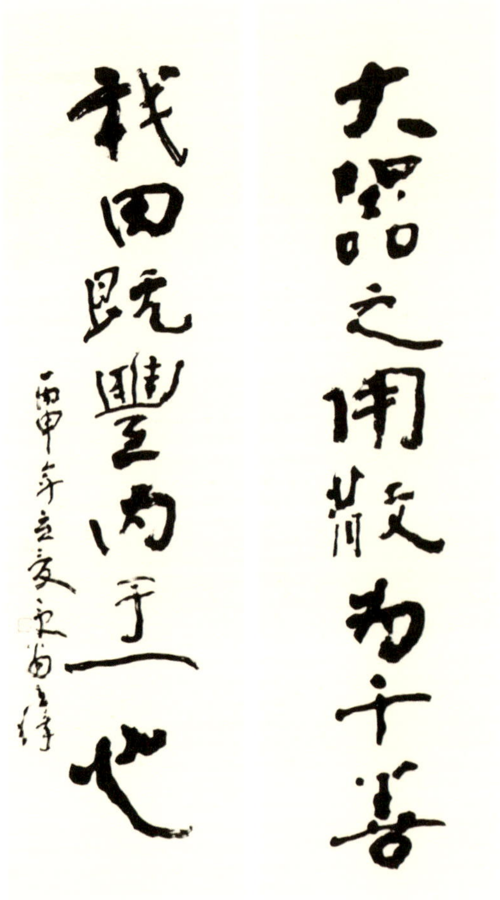

2016年　行书八言联　钟天铎

大器之用散为千善，我田既丰内于一也。

“八壶精舍”印　钟天铎

“河阳宝舍”印　钟天铎

2014年　《竹苞松茂卷》　钟天铎

002 我的外公沈朗轩
004 我的外婆沈有道
006 阿姨沈慧民与姨夫江守道
008 我的舅舅沈德民
010 我的父亲钟百研
012 我的母亲沈顺芝

第一章

童年与家庭

1943—1948

我的外公沈朗轩

我的外公沈朗轩(1878—1949)出身贫寒,是湖州南浔乡下的一个孤儿。外公年幼时父母双亡,没有兄弟姐妹,懵懂少年尝尽人生苦辣,他曾经两次轻生:第一次是上吊,绳子断了没死成;第二次是跳河,被一条辫子救了回来。乡里人见他可怜巴巴,就凑了几个铜板送他去镇上学做生意。这样,外公就来到南货店打杂工,扫地、烧水、抱孩子等通通都干。

年岁渐长,外公心灵手巧,干事麻利,身强力壮,还悟出了“冬天要卖夏天货,夏天要卖冬天货”的秘诀。掌柜看到外公机敏过人,又有经商头脑,就带他一起去进货,后来干脆就让外公单独去采办了。几年后,掌柜年老力衰难以支撑生意时,便毫无保留地将小店全部托付给了外公。外公努力经营,展现出了经商天赋,小店生意越做越大,在镇上也小有名气了。

外公经营南货店赚到了“第一桶金”,开始了创业之路。他在湖州创办了义丰绸厂,雇佣了200多名员工,生意做得红红火火。此后,他和湖州商会会长李恢伯(1876—1933)合股创办义成绸厂,生意越做越大,绸厂光是木织机就有100台,一下在湖州商界声名鹊起。外公深谙经商之道,审时度势,见好就收。上了年纪后,外公毅然决然把义丰绸厂卖了,给三房太太分配好了家产,带着我的外婆和第三房姨太太来到苏州,自己和外婆住在十梓街九如巷的一套老宅,为三姨太在十梓街上另购了一套洋房。

外公与基督教有段机缘故事。苏州齐门外有家美国医生惠更生于1895年创办的福音医院,一次外公在福音医院养病,牧师为他讲道,因为多年经商,外公盛气凌人,把牧师痛骂一通。

世事难料，我阿姨沈慧民年轻时患上了严重的癫痫性抑郁症，医生都无能为力。外公多次请和尚道士为阿姨念经做道场，仍然无济于事。这时，苏州信心会沈树本牧师向外公提出条件：只要他能痛改前非，遵守一夫一妻制，戒酒戒烟，让绸厂工人礼拜天休息，并捐出十分之一利润给教会，他就保证能治愈阿姨的病。外公半信半疑，但没过几天阿姨真的好转了，连离经叛道的舅舅，也找到外公主动认错。被感动的外公毅然决定遵守承诺，加入了教会，并担任了湖州布道团团长，积极捐助信心会，平日乐善好施，把同乡一位孤老太接到苏州家中，当作家人照顾。老宅柴间里有口楠木棺材，是外公为自己身后准备的，但后来孤老太逝世的时候，外公用这副楠木棺材把她厚葬了。1949年，外公离开了人世，安葬在苏州安乐园。

外公沈朗轩

我的外婆沈有道

外婆沈有道

外婆沈有道（1897—1984）出生在湖州，虽非富贵人家，但也秀外慧中，端庄大气。当时外公在湖州开绸厂，托人说媒，娶我外婆做二房太太。外婆生有一子二女，我母亲排行老二，有一个姐姐和一个弟弟。外婆文化有限，但把家事料理得井井有条。外公住院养病那段时光，外婆尽心服侍，对他照顾有加。

我是出生在外婆家的，外婆非常疼我，把我当亲孙子看待。1940年，父亲从上海中国医学院毕业后回到苏州，就在十梓街外婆家悬壶济世。1946年，我们全家迁居至信孚里了。于是，我只能周末去外婆家玩。每个周末，外婆会与保姆一清早去菜场买几样我喜欢吃的菜，烧好后就要叫我去吃饭，一门心思想让我们孙辈开心。

新中国成立后，外婆生活得比较清苦，一度依靠在美国的大姨接济。后来舅舅在中国香港的事业有了起色，姐弟俩约定之后由舅舅照料其生活，外婆就写信去向舅舅要钱。外婆喜欢看戏，每周总要去一次开明戏院。她年轻时裹足，从九如巷走到北局真不容易。每次看完戏，她还要去小朋友冷饮店吃块冰激凌。为此，外婆每月都会写信给舅舅，催他早点寄钱。她识字不多，只会写“寄来的钱收到了，你生意好不好？下个月要早点寄钱回家”。

因为舅舅经常在美国和中国香港之间穿梭，外婆寄去的家信都由舅舅纱厂的门卫郭巷人金福元保管。有一次舅舅回港，金福元把几封家信交给他，舅舅说，这些信不看也知道内容。舅舅话是这么说，对外婆还是怀有深厚的感情，竭尽孝心，每月按时寄钱回去，承担赡养外婆的费用。

外婆不仅对家人和蔼可亲，对客人也是热情有加。我家亲戚朋友多，来客也多，外婆经常会去观前街的稻香村、叶受和、采芝斋买好些苏州的土特产及糕点，客人临走时，外婆总会乐呵呵地拿出一些送给他们，表达自己的心意。

外婆是我生命中的贵人，她让我感受到了家庭的温暖和关爱，从她老人家身上我学到了做人要诚实善良。我永远怀念她。

1917年　外婆（中）20岁时与表兄妹合影

阿姨沈慧民与姨夫江守道

我的大姨沈慧民（1912—1995）长我母亲5岁，是外婆膝下的长女。她年轻时曾经患有严重的抑郁症，结缘基督教。后奇迹般地病愈，焕发了青春，考入了东吴大学。毕业以后，大姨嫁给了校友、基督教新教地方教会传道人、作家江守道。

江守道（左）、沈慧民（右）

姨夫江守道（1915—2022）出生于上海，1935年毕业于东吴大学，并在大学里与我大姨相识相爱。他是著名的卫理公会会督江长川[①]牧师之子，自己也成为基督教新教地方教会的传道人，后来携全家定居美国。1979年1月1日中美建交后，大姨与姨夫多次回国探亲。大姨1995年在美国去世后，姨夫专程将骨灰送回苏州，安葬在东山华侨公墓，让她魂归故里。

姨夫定居在弗吉尼亚州首府里士满，创办了基督教出版社，向西方世界传播中国文化。

婕夫一生充满奉献精神，致力于在海外传扬福音，为中国人争取利益，让更多人了解中国文化和基督教文化。2022年7月2日，他在美国去世，享年108岁。

江守道（左）、沈顺芝（中）、沈慧民（右）合影

①江长川（1884—1958）

1912年毕业于东吴大学神学专业，卫理公会华北年议会第一任华人会督。1913年成为监理会上海慕尔堂牧师。

我的舅舅沈德民

我的舅舅沈德民(1929—1993)从小桀骜不驯，是个难惹的主。他当年喜欢一辆英国兰令自行车，就直接用一根金条买下。他还喜欢养猛犬，就养了一只狼狗，犬笼栅栏用碗口粗的木棍做成，这只狼犬性情凶猛，只有舅舅能命令它。舅舅生性乖张，甚至连父亲——我的外公都不搭理。后来在信心会沈牧师的谆谆开导下，才终于向外公认错。

多贵桥巷洋楼

1950年，母亲在教会里听说香港有家纱厂在招工，条件是应聘者必须是教友亲属。母亲就建议舅舅去报名试试。舅舅也有出去闯荡的意愿，就这样坐船去了香港。现在回想起来，他是敢于冒险的。舅舅到香港后，从一名工人干起，因为工作出色，头脑灵活，人又高大英俊，获得了会德丰纱厂老板千金邱功娴的芳心，两人在香港顺利成婚，后生有一子。此后舅舅被一路提拔，当上了纱厂的老板，后又去美国买地办厂，生意做得红红火火。他还为中纺集团的棉布出口美国做出了很大贡献。

舅舅远在中国香港，生意繁忙，极少回苏。但他对家里一直操心牵挂，承担赡养外婆的费用，每月按时寄钱回家。1980年，他回国看到外婆居住的环境不好，于是替外婆在多贵桥巷买了一栋洋楼。这栋二层青砖洋楼建于1931年，初代主人是元和县头名秀才、苏州名中医、吴县中医学会会长顾福如[①]。洋楼还带有一个小院，我父亲在小院里增建了两间诊所，院里种植了花草树木，全家得以团聚，过上了幸福美好的生活。

1980年　外婆和舅舅

舅舅沈德民与舅妈邱功娴

①顾福如（1890—1939）

吴门名医，苏州人。其父顾伯平为清光绪、宣统年间名医，尤擅长治疗温病。顾福如15岁时应童子试，中清光绪乙巳科（1905）苏州府元和县首名秀才。科举被废后，随父专学岐黄，家学渊源，深得精髓。鉴于欧风东渐，兼受维新思想影响，又增修英文，先后师从于美籍医生柏乐文、国人西医成颂文。1911年，他从苏州博习医学堂毕业，悬壶于多贵桥巷。恩师授牌："柏乐文成颂文门人伯平子顾福如中西内外大小方脉"。他是苏州早期掌握中西两法治病的医生。

我的父亲钟百研

1940年 父母和哥哥、姐姐合影

我父亲钟百研（1916—2014）出生于湖州练市镇钟家墩。1930年，他求学于浙江杭州名医蔡燮阳，专学三年；1938—1940年就读于上海中国医学院。父亲毕业后就在十梓街131号开诊所，当时年仅25岁。

抗战期间，日军侵占苏南，残忍地在苏州散播病毒，令许多百姓患上传染病霍乱。父亲不惧危险，将生死抛之脑后，坚持为百姓治病。他从市场上买到了当年美军遗留下来的生理盐水，专门雇了辆黄包车，往来为患者挂水治病，有时一天要在8位患者家穿梭行医。

1951年，苏州市卫生局推荐父亲进了胥门外枣市街苏州首家公私合营的电气公司担任厂医。当时电气公司深知我父亲有才有学历，开出了每月180元的高薪聘请他，还免去全家电费和子女小学费用。1976年父亲退休后，被聘为南京中医学院苏州班讲师，专授中医儿科课程。1980年全家迁居多贵桥巷后，父亲开设了中医私人门诊，就诊者络绎不绝。父亲行医70余年，深得患者信赖，赢得了周围乡邻的尊重和爱戴。

1981年　钟百研夫妇

1988年　钟百研

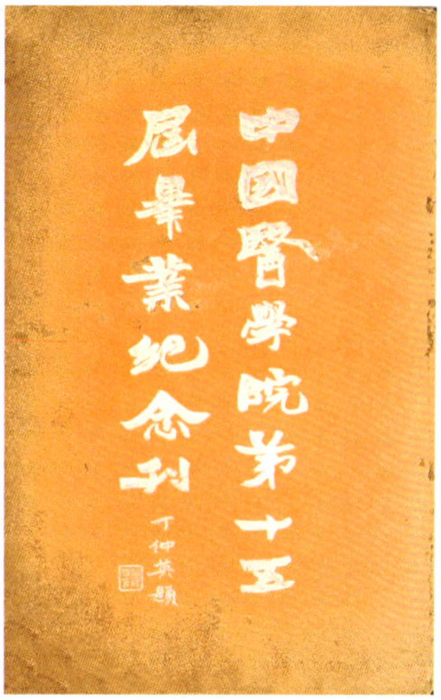

钟百研的毕业纪念刊

我的母亲沈顺芝

我的母亲沈顺芝（1917—2014）出生于湖州，后就读于苏州景海女子师范学校。抗战期间，随外公逃难到湖州镇练市钟家墩。我的祖母看母亲淑贤，就主动向我外公提亲。外公看我父亲写的毛笔字很漂亮，认为他很有才气，于是就答应了这门亲事。婚后，母亲送父亲去上海中国医学院读书。父亲在上海中国医学院的全部费用都是由母亲用陪嫁费用支付的。母亲则在上海妇产科护士学校学习。

父亲毕业后回到苏州行医。新中国成立后，母亲考入苏州医学院进修班，毕业后进入中国人民银行当全科医生。

母亲性格爽朗，心灵手巧，既做药剂工作，家里伙食也料理得井井有条。她还善交朋友，人缘特别好。1946年，我家搬到信孚里3号，被选为信孚里居民组长，组长名义上由父亲担任，实际上一切工作全由母亲承担。那时，信孚里住家多，邻里吵架、婚丧喜事、井里捞起了枪支弹药等大小事宜，都要母亲出面去处理。后来信孚里产权变更，母亲还代表全体住户与房管部门进行交涉，最后因得罪了相关人员，被辞退。

母亲后来去了红旗布厂，该厂党支部书记徐荣在新中国成立前是游击队员，战争年代落下妇科病，母亲一直体贴入微地给予她照顾和关心。徐书记康复后就把我母亲当作亲人，后来我家许多事情都得到她的关照。对于徐荣书记，全家至今都心怀感恩。

1946年　与母亲和两个妹妹在信孚里

2014年　和母亲在苏州玉兰新村家中

016 入读百年名校平直小学校
018 美术启蒙老师张素凌
020 我在少年之家的老师陶敏荣
022 画友吴德理
024 报考艺专二次失利
026 学中医三年，无果而终
028 自学契斯恰科夫素描体系
030 『结识』南师院徐明华教授
032 打工赚钱购买画具和资料
034 书法启蒙老师费新我
036 参观英国水彩画三百年作品展
038 《约翰·克利斯朵夫》给我力量
040 教友张美爱
042 买辆自行车代步去写生
044 师从蒋吟秋先生
046 成为平江区文化馆素描组组长

第二章

少年立志

1949—1964

入读百年名校平直小学校

1950年，我上小学一年级，就读的平直小学校离我家信孚里只有几十米距离，穿过十梓街就到。当时平直小学校长是钱本儒。至今我依稀记得，当年的教室屋顶很高，教室内有许多柱子。现在才知道，当年用作教室的建筑是昭忠祠和节孝贞烈祠的附属建筑。

在小学期间，我最喜欢的课程是美术课和音乐课，这两门课的成绩一直是优⁺。在学期结束大会上，我的美术作业被校长拿出来公开展示，这是我当年最值得骄傲的记忆。期末考试后，我拿着成绩单回家给父亲看，父亲说："你的成绩单我不看也知道，只有美术和音乐总得优，其他都一般。"确实，回想当年，我上课的注意力都放在画画上了。所以说，平直小学校是我艺术的摇篮。

1950年　平直小学校校门

1961年　《自画像》　钟天铎

美术启蒙老师张素凌

张素凌老师

张素凌夫妇

1952年，我升入三年级。我的美术启蒙老师是苏州美专毕业的张素凌[①]。当年张老师37岁。我上课不专心，专门盯着黑板上方的伟人像毛、斯临摹。有些画作被老师没收后，在办公室议论："我的班上有个男生，上课不专心，专门画毛主席像。"美术老师张素凌看过我的习作后，就说我画得好。此后，张老师在美术课上就对我特别关注，她发现我除了人像外，其他东西也画得很好。张老师还在学校期末表彰大会上展示我的作业本，当时我觉得非常激动，没想到老师竟会这样鼓励我。

四年级时，每逢美术课，张老师就问我："今天画夹带了吗？赶快去公园写生，45分钟后回来。"老师说完，我就急匆匆去大公园，画完后将写生作业交给张老师。张老师说："你不用拿来的，我知道你的水平。"我的美术期末成绩，张老师都给优。

张素凌老师的油画作品

①张素凌（1915—2014）

张素凌老师1915年6月出生于苏州常熟，早年就读于苏州美术专科学校，师从颜文樑大师，学习油画和水粉画，求学期间与同学王枕石喜结连理。新中国成立后一直在平直小学从事美术教学工作。她热爱艺术和教育工作，豁达开朗。2014年1月离世，享年100岁。

我在少年之家的老师陶敏荣

陶敏荣在写生

1955年，我读五年级。被学校选去课余参加大公园里的市少年之家美术班，每周五下午，美术班陶敏荣老师会教我画水彩风景和素描静物。陶老师1936年毕业于苏州美专[①]，师承中国油画家、著名苏州美术教育家颜文樑。

原本星期天少年之家不开放，但我和吴德理等几个画伴，为了考南艺附中，便与陶老师约定，周日去少年之家画素描。星期天一早，我就带上一些静物道具——花瓶、陶罐、水果去少年之家，到了教室后，根据光线角度摆好物品，就在教室里静静地画上一整天。通过在少年之家美术班的学习，我打下了一定的素描基础，也增强了报考南艺附中的信心。

1986年，我访日归来，为了感恩启蒙老师，特地在苏州一家酒楼款待张素凌老师和少年之家的陶敏荣老师。这时才知道二位老师竟然是苏州美专的同学。我点了一只大龙虾，陶老师看到后说："我从来没见过这么大的龙虾，这个造型和色彩，用来画水彩画写生就太好了。"我说："改日再点一只，让它当静物来画水彩画。"

1980年2月　苏州美专师生重逢于沧浪亭，其中前排中间拄杖者为颜文樑，前排右2为陶敏荣

①苏州美术专科学校

1922年，由颜文樑、朱士杰、胡粹中等创办的私立美术学校，初设国画、西画两科，1933年增设高中艺术科，1934年增设实用美术科和实习工场。1937年迁校上海，1945年复迁苏州，并续办沪校，改学制为五年，设国画、西画两科，沪校增设研究科。出版有校刊《艺浪》。1952年全国高等学校院系调整时，苏州美专与上海美专、山东大学艺术系合并，成立华东艺术专科学校，后改名为南京艺术学院。

陶敏荣先生曾任江苏省水彩画研究会理事、苏州市油画研究会顾问，退休后仍坚持油画、水彩画、国画等多画种创作。陶先生一生谦虚诚恳，诲人不倦，承袭着苏州美专的风骨。2016年在陶敏荣先生百年诞辰之际，其子女将他的95幅遗作无偿捐赠给颜文樑纪念馆，由颜文樑纪念馆永久收藏，同时还捐赠了与颜文樑先生和苏州美专相关的历史照片、画具等。

画友吴德理

陶老师有一个得意门生，名叫吴德理。我俩在少年之家美术班相识后又一起就读于第一中学，成了好朋友。他非常有绘画天赋，常常邀请我一起去写生。

1960年，我俩刚刚完成初中学业，开始自学美术。当时，吴德理看到法国印象派画家莫奈的《日出·印象》，被其中描绘的晨雾笼罩下的港口日出美景所感动，很想仿照着去画一幅。于是，我俩约定一起前往相门外城墙上看日出。

一天清晨四点，天还没有亮，我俩就从富仁里出发了，步行到相门。路上，我步履艰难，吴德理背了我两次，当我们步行到相门城墙上时，天色已渐渐变亮，太阳正从薄雾中慢慢升起。此时，我略感疲惫，但吴德理却没有丝毫倦意，他背起了我的画板和工具包，轻松地绕过坡道，直接爬上城头。在太阳出来的那一刻，整个城市被金色的阳光覆盖，我俩久久不能从这美景中回过神来。观完日出后，吴德理和我约定，回家各自画一张日出图。

吴德理对美术非常痴迷。他为了凑钱买资料，就去玄妙观为游人画肖像。他的画每次都备受称赞，还能赚到钱。在专业素描教科书的指导下，他的绘画技巧逐渐成熟。后来，他考入了苏州评弹团。到了团里必须住宿，他没有蚊帐、草席和被褥，就来向我求援。我当时也没有钱，就对他说："你去选几本我的美术书去旧书店卖了，然后去换取你需要的生活用品。"就这样，我帮他解决了住宿的困难。

1872年　《日出·印象》　莫奈创作于勒阿弗尔港口

报考艺专二次失利

1960年 初中毕业后的钟天铎

小学时，我的班长叫施大峰。他平时非常成熟懂事，所以我很信任他，经常向他请教问题。到了小学六年级，我对美术充满了兴趣，想去考美专学校，于是向施班长请教如何报考。施班长告诉我要去问校长，并提醒我去见校长时要先说“校长好”，然后鞠个躬。于是，我照着班长的指导去了校长室，向校长提出了我的想法。校长告诉我：“你要上美专必须先读完三年初中，初中毕业后才能考虑这个问题。”于是我考取了苏州市一中，并担任中队委员，负责年级墙报工作。在此期间，我和吴德理每逢周日都会去少年之家练习素描，带上写生道具，一遍遍地描摹蔬果静物和生活物品，渐渐地，我们对于形态结构的感知和把握能力增强了。

1960年初中毕业后，我和吴德理一起报考江苏省南京艺术学院附属中学。考场在江苏师范大学内，吴德理素描考了第一名，却因多种原因没被录取；我的素描考了第二名，因足疾也被拒门外。虽然很失落，但我并不气馁，反而更加努力。第二年，我仍然坚持追求梦想，继续报考南艺附中。然而，体检前被告知：凡有残疾者不得报考艺术各专业。后来，初中教导主任告诉我，南艺附中来学校做了说明：文艺要为工农兵服务，腿有疾今后无法下基层。这一刻，我才感到了巨大的失落和沮丧，但我并没有放弃梦想，开始尝试并探索新的艺术发展道路。

我毅然放弃学业，踏上了社会。之后，为了生存，我做过许多工作，去胥江小学代过课、画过广告、参与过室内设计、画过交通安全展览等。这些经历不仅让我积累了丰富的实战经验，还让我更加深入地了解和熟悉了各类艺术形式和表现方法。业余时间，我就一直去书店阅览欧洲艺术大家的作品集，尤其喜欢看法国大画家安格尔①、德国画家门采尔②和珂勒惠支③的作品集，常常陶醉其中。

①让-奥古斯特-多米尼克·安格尔（1780—1867）
法国新古典主义画家。

②阿道夫·门采尔（1815—1905）
世界著名素描大师，德国19世纪成就最大的画家，也是欧洲著名的历史画家、风俗画家之一。

③凯绥·珂勒惠支（1867—1945）
德国表现主义版画家和雕塑家，20世纪前半叶德国左派艺术家代表人物之一。

学中医三年，无果而终

1960年，我初中毕业后决定不再报考普通高中，一心想继续专业学习绘画。然而，我父亲坚持认为自学绘画无法成就人生，强烈建议我去学习中医。无奈之下，我每天六点起床按照父亲的意见背诵医书《伤寒论》《素灵类纂》《汤头歌诀》和《中医概论》等。这些医书我压根不感兴趣，那些枯燥的中医术语和复杂药方让我感到头晕目眩，必须牢记的东西怎么也印不进我的大脑。

当时苏州开设了一些中医班，我对父亲说："近邻去中医班学习了，我能否也进去学习呢？"父亲虽说行医二十多年，但不善人际交往。他回答说没有办法。我非常生气，既然你不能帮我走正规途径学习中医，为什么还要让我每天在家背医书呢？最终，我白白浪费了三年时间。

有一次，父亲与茶友闲聊时提到我正在学水彩画。这位医院化验师告诉父亲，他认识苏州美专的老师吴粹中，吴老师曾是颜文樑的同事，最擅长画水彩画。父亲对茶友说："能否请吴老师来指导我儿子画水彩？"于是茶友陪着吴粹中老师来到我家。吴老师看到我的水彩画后说："你适合画建筑水彩效果图。"并极力推荐我去报考西安建筑学院。然而由于当时跨省报考的限制，我无法进入该校学习，错失了上大学学习艺术的机会。听到这个消息我十分沮丧，但始终没有放弃心中的梦想，反而更加努力。我开始自学西方绘画艺术，并在家中创作各种作品，包括速写、素描等，希望能够证明自己的才华和实力。

1960 年　水彩写生　钟天铎

自学契斯恰科夫素描体系

初中毕业后二次报考艺专无望，我内心失落到极点。然而，成为画家的梦想仍然萦绕心中。美术学院的大门向我关闭了，但我绝不放弃梦想，下定决心自学绘画。

刚开始，我希望成为油画家。要想学习油画，首先必须掌握素描技能。于是，我开始寻找素描教材。那时苏州新华书店里最权威的素描教材来自俄罗斯美术教育家契斯恰科夫①。他的素描教学体系注重基础训练，有严格的程序性和系统性，融合了巴洛克艺术的明暗法及古典主义的优点，并创造性地归纳出五种塑造形体的表现手段：亮调、灰调、明暗交界线、反光和投影。

其实，在初中阶段，我已经自学了3年石膏素描，基础还算扎实。然而，契斯恰科夫的《素描教学》使我更进一步明确了自己的学习目标和方向。那时年少气盛、心怀激情，我一边在家画素描，一边常常步行3小时去南门外写生，画郊区风景水彩。每次画完写生回家时，街灯都亮了。

美术院校我不想了，但没有放弃成为画家的梦想，反而在逆境中坚定了自学也一定能够成功的信念。通过学习契斯恰科夫的素描教学体系，我逐渐掌握了素描技巧，并在圆梦的道路上不断努力和探索。回首过去，这段自学之路虽然充满艰难坎坷，但让我收获了无数珍贵的经验和体会。

1960年　素描习作　钟天铎

1961年　素描习作　钟天铎

①巴维尔·彼得罗维奇·契斯恰科夫（1832—1919）

俄罗斯美术教育家。

擅长历史画、风俗画、肖像画。19世纪70年代，任圣彼得堡美术学院教授，建立了“契斯恰科夫素描教学体系”。他的教学思想极其有力地推动了俄罗斯现实主义绘画的发展，培养了列宾、苏里科夫等俄罗斯绘画史上重要的画家。

“结识”南师院徐明华教授

我有四个妹妹，其中二妹比我小四岁，长相一般，一副小艺术家模样。有一天，她拿着我的水彩盒去上美术课，正巧遇上新来的南京师范学院美术系毕业的沈尹若老师。沈老师看到二妹的水彩盒，马上就被吸引了，他忍不住开口问：“这个水彩盒是谁在用的？”二妹没有回答，只是脸红了一下，显然是被沈老师的突然出现吓了一跳。沈老师见状，笑着说：“不要害羞，告诉我吧，这个水彩盒是你哥哥的吗？”二妹点头，小声表示是的。沈老师又接着问：“那你哥哥是在哪里学习美术的呢？”二妹轻轻回答：“他在家自学。”沈老师被这个答案勾起了兴趣，于是让她代为传话，邀请我到学校去见他。

星期日，我早早来到沈老师的宿舍，远远地看着他打开房门，微笑着出现在我的面前。他有着一头整齐的长发，穿着休闲舒适的衬衫和喇叭裤，看起来很洋气。他热情地向我介绍了自己在南京师范学院学习美术的经历，特别提到他的老师徐明华①是中国第一批留苏学西画的学生，素描和油画都画得一流。我听得入神，忍不住问道：“你能不能给我看几张徐老师的作品呢？”沈老师二话没说，马上拿出三张徐老师素描作品的照片，我眼前出现了三张精美的素描，每一幅作品都体现了作者高超的素描技巧和深厚的艺术修养。我认认真真地观察每幅作品的线条和构图，徐老师的绘画风格和高超的笔法给我带来了极大启发。我决心对现有的素描方法做一次重大的校正，不辜负平生付出的努力。

素描作品　徐明华

①徐明华

宜兴人。擅长油画、美术教育。1953年毕业于南京师范学院美术系，留校任教。1955年就读于莫斯科波将金师范学院，1957年转入列宾美术学院，攻读油画。1960年回国，任教于南京师范学院美术系，历任南京师范大学美术学院教授、中国美协第四届理事、江苏省美协第三届副主席。

打工赚钱购买画具和资料

1962年的一天，我偶然在苏州观前街的古旧书店里看到了一本无比精美的画册——价值5元的《艾尔米塔什博物馆》，里面展示了许多早期俄罗斯画家的美术作品。我被这些精美的画作深深吸引，甚至有种如痴如醉的感觉。当时我就想一定要买下这本画册，可是我没有那么多零花钱。心想，我也要学画友去打工赚钱来买画册。但是，该去哪里寻找打工机会呢？

不久，画友蔡果明告诉我，可以去苏州装潢设计公司找尤总。于是我毫不犹豫找到尤总，拿出自己的画作毛遂自荐，请求他介绍点工作给我。尤总看了我的画后，就让我先去金阊区文化馆画一幅工农兵宣传画，我欣然接受了这个任务，为此他付给我10元画工费。画完后，金阊区文化馆的同志请我吃了顿荷叶粉蒸肉午饭。我在享用美味午餐时，感到了一种前所未有的成就感。时隔60年，这顿美味的荷叶粉蒸肉的香味，我仍然记忆犹新。

另外，尤总又让我去爱河桥长途汽车站，在候车室里的所有柱子上画3面红旗标语牌，这是一项比较复杂的任务。柱子很多，要把相同的标语先设计出来再复制上去，我想出了一个好主意：用厚纸刻了一个模板，有了模板就能够快速、高效完成填色。这次，我花了3天时间拿到了40元的画工费。

通过在外接画工活，我赚到了零花钱，这些钱之后就几乎全用在购买绘画材料、石膏像和美术参考书上了。

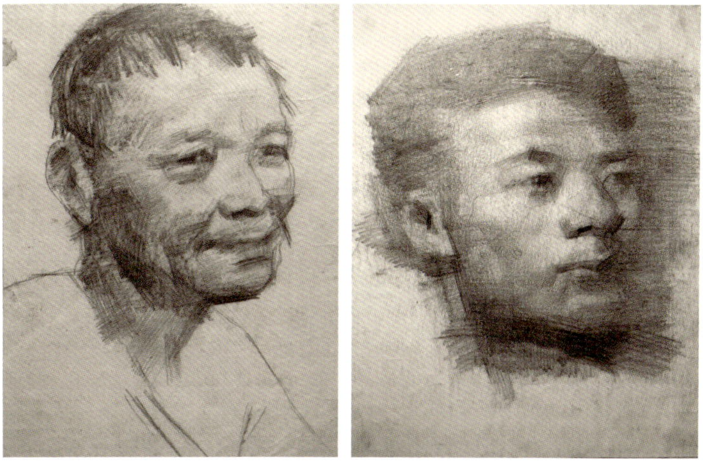

1960年　素描习作　钟天铎

1965年　速写人像　钟天铎

书法启蒙老师费新我

当年，费新我先生是苏州著名的国画家之一。费老原来在湖州双林镇当会计，30岁时来苏州，在干将路上买了私宅。我父亲和他是老乡，经常在大公园一起打太极拳。父亲发现我一直在家画画写字，却没有名师指点，于是在1963年春天带着我去干将路108号拜访费老，上门请教。当时我仅20岁，而费老已是60岁高龄。

第一次和费老见面，他要我把素描习作给他看看，看了以后称赞我画得不错。他认为我也能写好书法，关照我回家写两个字给他看看。两天后，我写了“奋斗”二字送到他家，费老看完，说：“我说你会，一点没错。”于是费老给了我一本钱南园石印本碑帖，让我开始临摹练习。从那时起，我每天晚饭后都坚持练习一个小时书法，然后再画素描。自此开启了我的书法之路，费老成为我的第一个书法启蒙老师。

在以后的日子里，我常常去拜访费老。有一次在客堂里，费老送走客人后告诉了我一个秘密：他为何用左手执笔。原来，1958年他的右手得了腕关节结核，过去写招牌都用右手，现在右手不能写了，费老发现自己的左手写字更有味，便开始用左手写字，并在落款上添上了“新我左笔”。费老还对我说，“扬州八怪”中的高凤翰55岁时因右手病废，以惊人毅力改用左手创作书画、篆刻，作品朴拙生趣，为世人所推崇。

有一回，我问费老，他的画作中为何经常出现鹅。费老笑着说，因为他家天井里有养鹅，他总能看到，又了解到王羲之喜欢鹅，慢慢地，鹅也成了他的喜好之物。乔毅曾为他刻有一枚闲章“一心向鹅”，有趣的是“心鹅”两字的谐音正好是“新我”。

在费老的指导下，我开始对书法产生了浓厚的兴趣，并深入研究、不断练习。认识费老是我人生中重要的转折点，他的启蒙和教诲让我受益匪浅。

费新我先生左手挥毫（苏州市档案馆供图）

参观英国水彩画三百年作品展

1963年5月，上海中苏友谊大厦（现上海展览中心）右侧展厅举办英国水彩画三百年作品展。英国是水彩画的发源地，这场展览是英国水彩画首次亮相中国。从18世纪中期到19世纪中期，随着英国工业革命的兴起，以"英国水彩画之父"保尔·桑德比①为代表的画家们所创作的表现自然风光、歌颂大自然的水彩画迅速发展。这些画家以独特的艺术风格，将英国水彩画推向全新的高度。从此，水彩画作为一种被公认的独立画种屹立在世界艺术舞台上。

1804年，英国成立皇家水彩画家协会，1931年又成立皇家水彩画学会。这两个官方认可的组织定期举办展览，团结了许多画家，促进了水彩画的创作与繁荣。到了20世纪初，英国已经成为水彩画强国。

我从《新民晚报》上得知画展消息后，非常激动。听说费新我老师与上海美术馆陈秋草馆长是师生关系，于是就提议和费老一起去上海观展。5月的一天，我和费老及几位友人来到了上海美术馆，费老联系上了陈馆长，陈馆长说，今天只能给费老三张入场券，于是费老叫上儿子费之雄，带上我走入了展览馆。

在展览大厅里，费老与著名画家刘海粟不期而遇。刘老说，这次展览本来英国方面要求中方抵押三艘货轮才同意展出，后来是他签字担保才得以办成。这是我第一次亲眼欣赏到了如此之多的大师原作，其中包括保尔·桑德比的代表作《阳台上的温莎城堡》、威廉·透纳②的《雾中的伦敦》《格林尼治公园远眺伦敦》及约翰·康斯坦布尔③的《玉米地》《干草车》和《巨大的石碑》等让人印象深刻的作品。这次参观之旅让我更加热爱水彩画了，之后，我也更加勤奋地创作水彩画。

1821年　《干草车》　约翰·康斯坦布尔

①保尔·桑德比（1731—1809）

英国水彩画家，他是英国绘画史上第一个用水彩作画的艺术家，被誉为“水彩画之父”。

②威廉·透纳（1775—1851）

英国浪漫主义风景画家，水彩画家和版画家。晚年，他在风景画中致力于追求光的效果，雾、蒸汽、太阳、火光、水和反光……在画面上组成运动着的团块和升腾着的焰火，呈现出近乎抽象画的韵律感。透纳被认为是法国印象主义画派的先驱。

③约翰·康斯坦布尔（1776—1837）

19世纪英国最伟大的风景画家之一。康斯坦布尔的作品如同田园派小品，恬淡隽永、怡然中见深意。这是他作为一个浪漫主义风景画家的独特之处。

《约翰·克利斯朵夫》给我力量

初中毕业艺考失利，我一度对前途感到很迷茫，但一直没有放弃成为画家的梦想。然而，我的父亲却强迫我学习中医，每天背诵枯燥乏味的药方和医书，让我感到十分苦恼和厌倦。在我心中，唯有绘画才能给我激情和快乐。在这段迷茫时期，我一边坚持户外写生，一边去书店寻找喜欢的书籍。我从《贝多芬传》和《约翰·克利斯朵夫》等书籍中得到了很多启示和力量，也使我更坚定了成为画家的决心。尤其是法国作家罗曼·罗兰以贝多芬为原型创作的《约翰·克利斯朵夫》，其中描写主人公对事业的追求和取得成功的情节深深触动了我，对我的人生产生了深刻影响。

那时，我和费老交往很频繁，一天，费老对我说："明早你到大公园九曲桥等我。"我如约来到九曲桥，只见费老一手提着麦秸篮，其中放了一把木剑，大步走来。见到我，费老叫我站在八米外看他舞剑，他的太极剑一招一式舞得相当有韵味。舞完后，费老对我说："你看了我的太极剑，感觉如何？"我率直地说："您的太极剑舞得很飘逸，只是我总觉得，您下部站桩功力还不足。"费老说："小钟你看到点子上了。"

费老那时有个习惯，每天早上舞好剑后，就带着前一天晚上写的书法去参加公园茶会，请一些老朋友对他的书法提意见，我记得这些茶友中有程质清、乔毅等。

费老收起木剑，与我边走边聊，他问我平时看些什么书，我说最近在看《约翰·克利斯朵夫》，主人翁的故事让我倍受鼓舞，阅读后更增强了我学习书画的信念。费老说那他也要去读一下这本书。

在《约翰·克利斯朵夫》的激励和鼓舞下，我似乎看到了梦想成真的曙光。我暗下决心，在未来的日子里，将继续努力，一定要成为一名真正的书画家！

费新我在大公园锻炼

教友张美爱

1962年　在教友张美爱家庭院留影

宫巷教会中的牧师俞鸣九和我的父母很熟，他们经常聊天，分享生活中的点滴。俞牧师知道我一直在学习书法和绘画，并且也知道我想去国外治疗足疾。因为我在学西画，深受西方艺术影响，希望有朝一日能去国外学习美术。所以我一直在补习英语，为将来做准备。

有一次，俞牧师介绍我认识了张美爱。张美爱出身苏州大户人家，父亲曾是上海商务印书馆承印部主任。她姐妹四人，全家平时都讲英语。当时，张美爱正在学习绘画和书法，而我也对此非常感兴趣。她问我英语有无基础，我说有一点，她每天教我二十个单词，我背出后，就增加到三十个、五十个。为了记住这些单词，我拼命死记硬背。张美爱看到我学习进步很大，就带我去见她的家人。在张家，我感受到了他们的热情好客。虽然张母也有学生，但成绩不太好。张美爱说，小钟一天能记住五十个单词，于是张母对我进行测试，果真我能把前一天学习的单词全部背出来，张母很高兴，留我吃晚饭。临走时，还叫我有机会经常来坐坐。从此之后，我定期在张家补习英语，同时辅导张美爱的书法和绘画。

后来，张美爱忙于学习绘画和书法，没时间教我了，她就让父亲张秉和来教我英语。张父非常善良，有耐心，每周为我上课，并且时常夸赞我的学习成果。

有一天，他让我为他画幅油画肖像，于是我就为他画了三张素描，还在素描稿基础上完成了一幅油画。张父对此很满意。几十年后，这张唯一保存下来的素描成了我的美好记忆。通过和张美爱及其家人的相处，我不仅学到了英语，还深刻理解了博爱与友谊的意义。他们对待我就像对待自己的亲人一样，给予我无微不至的关心和帮助。在我需要鼓励时，他们会鼓励我；在我遇到挫折时，他们会支持安慰我。这种温暖和感动至今都令我难以忘怀。

1964年　《张美爱》　速写　钟天铎

1963年　《我的英语老师张秉和》　速写　钟天铎

买辆自行车代步去写生

20岁时，我对绘画充满激情，郊外写生成为我的生活常态。但每次从家里徒步走两三小时，再花两小时写生，回家又走两三小时，一天下来，确实让我疲惫不堪。因此，当得知上海有卖二手自行车时，我下决心赚钱去买一辆代步。

1964年　在七子山写生

听说苏州民间工艺厂的通草堆花社有手绘书签外发加工活，只需经过短期培训，考核合格就可以去社里拿活，并按件计工费。于是我去通草堆花社面试，派活师傅看了我的画作后，就叫我去设计室打样稿，拿到样稿后，我回到家里认真画完了第一批书签。到了交货日，派活师傅看了我画的书签，夸赞道："画得非常棒！"又说，"愿意跟我学山水画吗？"我没答应，因为我知道自己画书签的目的只是为了购买一辆自行车代步去写生。我努力画了整整一年，赚到了100元。年底朋友替我去上海买车，还差20元，最后父母各自拿出10元，帮我凑足了120元。我终于有了一辆永久牌女式自行车。

有了自行车，我写生变得便捷了，也就画得更勤了。一次，好友杨全龙约我坐船去湖州写生。到湖州后，我就住在京剧团，白天去湖州城隍庙写生，我画了一幅水彩画，这幅作品突破了我以往的水彩画水平，入选了苏州市美术作品展，得到了观众和美术同行的认可和好评。我感到格外高兴。我的这辆自行车不仅是交通工具，更开阔了我的艺术之路。

1963年　水彩写生　钟天铎

1961年　水彩写生　钟天铎

师从蒋吟秋先生

蒋吟秋[1]先生是苏州文化界的名人，尤其在书画领域备受尊崇。他曾经担任过苏州政协书画组组长，在整个苏州市的书画活动中有着非常大的影响力。蒋先生不仅对老一辈书法家们很关心，也非常注重中青年书法爱好者的成长，总是鼓励年轻人多多参加书画比赛和展览。每次筹备书画展览前，蒋老都会邀请一些年轻书法爱好者到他家中，对他们提出指导和建议。他会为每个人分配书写内容和字体风格，以避免作品重复、单一。

每逢政协书画组活动，来的都是苏州知名人物，蒋老就会邀请我们这些年轻人去旁听。有一次，费新我发表了对书法未来的规划，并征求了大家的意见，引起了人们的重视。

蒋老为了丰富政协书画组的活动形式，请大家带些藏品来分享。他将书画家和爱好者安排在两张长桌边，传递观赏这些珍贵藏品。我有幸看到了许多古代著名书画家的真迹，如董其昌、王原祁、吴昌硕、赵之谦等人的作品，这种难得的体验让我感到无比兴奋和满足。蒋老对年轻人的关爱让人非常敬佩。

记得有一次，他请我刻方阴文“蒋吟秋”的印，我当然高兴地答应了。拿到这方印章后，蒋老格外看重我。1980年的一次书画展，在评选展出作品时，我的作品被否决了。蒋老轻轻走到我后面，拍拍我的肩膀，示意我出来一下。我走出初审大厅，蒋老问我：“最近还在治印吗？”接着又说，“你为我刻的印章，我一直在用。”并安慰我说：“有些事情不必放在心上。”蒋老的鼓励让我深深感动，至今我一直难忘蒋老对我的教诲和鼓励。

书画家蒋吟秋

①蒋吟秋（1896—1981）

字镜寰，江苏苏州人。我国著名的书法家、金石学家、图书馆学家。曾任南京高等师范、苏州美专、东吴大学等校教授，苏州图书馆馆长。工诗善词，通小学、精金石、书画，尤擅篆隶，笔法圆浑雄厚，苍劲老健。一生著述浩瀚，有《版本问答》《学书述要》等书行世。

成为平江区文化馆素描组组长

1970年　27岁的钟天铎

那是1964年的事情：跟我学水彩的一位学生的母亲有位好友叫吴琴荪，早年毕业于苏州美专，一直在苏州平江区文化馆工作。一次，吴老师去我学生家，发现这孩子的水彩画水平突飞猛进，感到十分惊奇，于是就问他的朋友："你孩子在跟谁在学画画？"孩子母亲对他说，儿子最近一直跟钟恩惠老师学画水彩。

吴琴荪老师让我学生领着他来到富仁里我的家中。那天我正好在把新画的水彩画装入镜框挂在墙上，吴老师看了许久后问我："你现在做什么工作？"我如实对吴老师讲了自己报考艺专两次失利的经过，并说自己现在成了待业青年，没有固定工作，没有收入来源。

吴琴荪老师感慨道："我是苏州美专毕业的，画了四十多年还不及你，你画得比我好。"这是我第一次听到别人对我的水彩画作出如此高的评价，我感到一股暖流涌上心头。之后，吴老师邀请我到平江区文化馆担任素描组组长。这个平台让我有机会结识了很多优秀的学生，他们都非常认真努力，在我的教导下素描技巧得到了极大提高。

有的学员通过自己的不懈努力，成功进入苏州装潢设计公司，成为优秀的装饰设计师，还有的学生被聘为工艺美校素描老师。费之雄就曾是素描组的学员。通过这段经历，我从一个普通的美术青年，成为在苏州有一定知名度的美术工作者。我一直感谢吴老师的支持和鼓励，也感谢那些优秀的学生们对我的信任。他们让我坚信，只要努力，就能够实现自己的梦想。

1961年　水彩风景写生　钟天铎

050 在友谊印花厂设计室的岁月
052 书法篆刻家宋季丁的考试
054 结婚、生子
056 拜陈邦福先生为师
058 巧遇朱犀园先生
060 古旧书店里结识柳林书记
062 转职苏州第二织带厂
064 创建苏州业余书法研究组和苏州业余篆刻研究组
066 宁夏书协主席胡公石来苏交流
068 在书法大家蒋吟秋家做客
070 接待中国书协副主席李铎将军

第三章

坎坷人生

1965—1979

在友谊印花厂设计室的岁月

1965年，我的母亲叫我去南门外团结桥堍的苏州友谊印花厂设计室应聘。当时，该厂主要生产人造丝绸被面，而我从未画过被面纹样。为此，母亲请生产科长来我家指导，科长建议我去人民商场床上用品专柜，假装买被面，让营业员将各种被面拿出来看看。我照科长的方法去商场看了几种被单，回到家里，凭借记忆用了三四天时间画了5张样稿。这些样稿送到厂里后，全部被采用。

半个月后，我被通知去上班。走进工厂，一眼就看到自己设计的花样已经印成了被单，心里非常高兴。当时，能够找到一份工作算是很幸运的事情了。尽管只是个临时工，月薪也只有26元，而且还不能享受企业的培训机会。

进厂没几个月，书记召集设计室人员开会，提出要赶超上海太平洋织造厂。上海太平洋织造厂成立于1939年，是一家老牌企业，其"船牌"彩印床单行销全国及东南亚。书记让设计室主任带领三人团队去该厂学习三个月。由于我只是一名临时工，没有资格参加这次学习。三个月后，他们回到工厂，书记便下达了任务：每人每月要画出两幅设计稿。这些人非常保守，根本不让我看到上海的图样。直到开始画样稿，他们才把太平洋的样稿贴在墙上。我一看就明白了，马上画了一张样稿，并请教制版师傅，做了些修改，送给厂长后，马上被批准生产。这下捅了马蜂窝，去上海学习的那帮人样稿还没画出，没去培训的我却捷足先登，得到首肯。第一张床单样稿由我完成，这引起了某些人的妒忌和不满。

苏州版画家管牧

后来，友谊印花厂要求纺工局对纺工系统设计花样进行评比。于是，局里召集了纺工系统全体设计人员来到针织内衣厂，举行设计员作品评比大会。主持这次评比大会的是针织内衣厂设计室的管牧。管组长走到我面前，问我是不是画水彩画的钟恩惠，我说是的。管牧又说："你的水彩很有名，我在市里展览会上见过很多。"他又问："哪幅样稿是你画的？"我指给他看，结果我的第一张设计稿就这样通过了。接下来，全纺织局设计人员开会，市纺工局领导表示，现在设计人员长期脱离写生，缺乏锻炼，必须经常走出去参观、写生。我曾经多年坚持写生，功底扎实，一次在人民桥下写生，画了许久后，发现大家都围上来看我是如何画画的。

1965年末，金龙袜厂举办了床上用品花样大众评选会。设计需要面向群众的作品，听取大家的意见，并请大家对我们的设计稿进行投票。我的一幅花卉纹样再次得到肯定，获得了最高票数，厂长马上同意生产。我最擅长画风景画，看到上海太平洋织造厂样稿里还没有风景画纹样，便将南国风光、椰树、竹楼等元素植入稿样。画好后，我将作品先后报送到市、省纺织品设计评选会。结果，这幅作品被江苏省纺工厅评选为江苏省方向性设计奖。就这样，我在友谊印花厂设计室坐稳了自己的位子。

1965年　在太湖边写生

书法篆刻家宋季丁的考试

宋季丁

1963年初，我跟随青年书法组组长张美爱登门探望宋老。他那格调高雅、古意十足的书法让我耳目一新，我对此产生了浓厚兴趣。当时，我勤奋地学习书法，既向费老学习，又经常往宋老家跑。每次去，宋老总是热情地拿出珍藏的碑帖和拓本给我讲解，包括《石门颂》《张迁碑》《杨淮表记》及《爨宝子碑》等。他不厌其烦地指导我如何欣赏古代碑帖、秦汉篆文的内容和特色。这些经验至今仍然让我对宋老感激不尽。在宋季丁[1]的指导下，我心领神会，潜移默化，技艺逐渐精进。

1965年1月12日，我去宋老家，宋老觉得我好像什么都懂，想考考我。这天他以寐叟“海日楼”印文出示于我，问我能否作印。虽然我从未握过刻刀，但年少气盛，决心挑战自己。这块石料还大于原印文尺寸，我知道治印有几种执刀法，这块石料坚硬，只能用握刀法。仔细观摩印文后，我砉然奏刀，一气呵成，几分钟就刻下了“海日楼”三个篆字。宋老惊叹不已，他认为我过去一定刻过印的，但我告诉他，确实没有，我只是见过别人治印，所以知道有三指执刀法和手握执刀法。因为这块石料太硬，用三指执刀刻不动，所以我选择了手握执刀方法。印快刻好前，宋老问我会不会击边，我说不会，于是他亲自教我击边。最终，宋老为印章刻下边款：“恩惠有天才，偶然刻印古朴有滋味，如能力勤，三年五年后江湖定能留名。1965年1月12日”。

我与宋老可谓忘年之交，那时他已经45岁了，但对我这样的年轻人特别关照。每次去他家，他总是拿出自己的书法作品让我挑选，考察我的眼力。几次下来，宋老郑重地对我说：“我已经不能再教你了，我的本事不够你学的。你应该找一个更高明的老师。”经过深思熟虑，最终我提出想拜陈邦福为老师，他在甲骨文方面是造诣极高的专家。

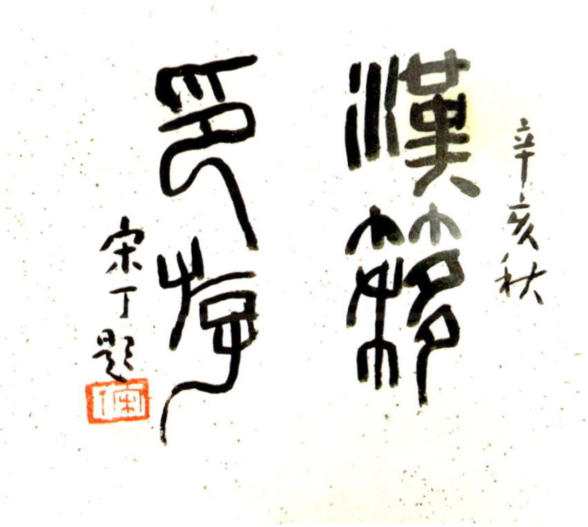

1971年　宋季丁为钟天铎篆刻题签

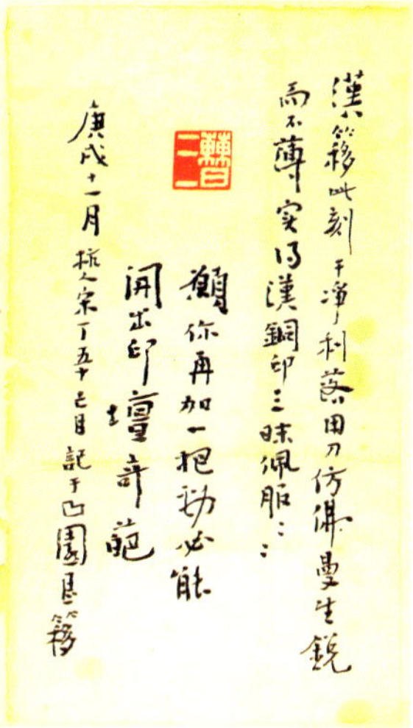

宋季丁评价钟天铎印章

①宋季丁（1920—1988）

杭州宋庄人，书法篆刻家。因推崇西泠八家并笃好丁敬，遂以丁名，取字季丁。宋季丁书法，四体皆精。隶书取法《石门颂》《张迁碑》《爨宝子碑》等碑。行草参以汉晋简牍残纸及“二王”、孙过庭、八大、蒲作英、弘一、于右任等。以秃笔短锋娓娓写来，不衫不履，颠倒圆凝，一派冷逸、奇古、苍茫之气象。篆刻以秦汉为归，参以徽浙二派，黄士陵、吴昌硕、齐白石，尤引汉魏砖石刻的奇崛朴茂入印，单刀直入，不加修饰。

结婚、生子

1970年 新婚合影

1966年，我在厂里受到不公待遇，每天“六进六出”，从富仁里到南门外，途中要花费一个小时。早晨四点多起床，晚上七点回家，天都漆黑了。我的四个妹妹中，三人被下放到了太仓农村，北大毕业的大妹则被分配到了邯郸。此时，我的父亲也被关押起来。家中只剩下我和母亲两个人相依为命。后来我也被隔离了，家中仅剩母亲一人。

在这样的困境下，我有幸结识了褚佩珍。她在同里插队。相识后，我们的交往受到很多限制，但我们一直保持联系。每次收到她的信件，我都会感到无比温暖和宽慰。我们最终在1969年确定了关系。

我非常欣赏褚佩珍的善良。当初是她阿姨介绍我们认识的，她听说我父亲是医生，就觉得我的为人不会错，于是便同意与我交往。那时候交通不便，每次她从同里步行来苏州和我见面，我都特别高兴，我们经常一起去郊游，去了虎丘、天平山和灵岩山等美丽的景点，并照了相。

1970年，我们决定结婚。为此，我俩一起到苏州国际照相馆，请我的学生杏源为我俩拍了一张合影。这张照片至今仍是我们的珍贵记忆。父母在松鹤楼为我们办了一桌喜宴，仅花费了二十五元，酒席上有条很大的红烧鳜鱼，妻子至今常常念起。

尽管结了婚，她的户口还在同里乡下，为了生存，我开始帮她寻找工作。我的一位同事认识民间工艺厂设计师张继馨，通过他的介绍，褚佩珍先去跟着张继馨夫人学习手绘基础技术，经过三个月培训，她掌握了绘画技巧，在家里画了十年的出口绢画。

1972年11月，儿子钟衡出生了。由于政策原因，孩子户口必须跟随母亲，所以儿子出生后一直无法落户。这给我们带来很多麻烦，尤其是到了入学年龄，儿子无法上学。幸亏好友肖建亨太太金老师得知此事后，热情帮助我们，让儿子进了草桥小学就读。直到1979年政策落实，妻子户口从吴江同里迁到苏州后，儿子的户口终于有了着落，这时儿子已经八岁了。

1969年　与妻子在天平山

1974年　妻子与儿子钟衡

拜陈邦福先生为师

1969年　陈邦福78岁留影

1970年的一天，宋季丁叫我准备好10根海绵头凤凰牌香烟，去陈邦福[1]家拜师。我骑着自行车，宋老跟在一旁，还模仿“百步穿杨”和我打趣。宋老要了一根烟，跟在我身后，诙谐地说：“今天我像个马夫在赶马车上集市。”我们边说边笑，很快就来到了东北街陈老家。

陈邦福是近代研究甲骨文、钟鼎、碑刻的专家。新中国成立后曾担任江苏省文史研究馆馆员、苏州市博物馆顾问、苏州市古迹委员会委员、苏南文管会委员。

走进房间，陈老询问宋老说：“这位年轻人是谁？”宋老说：“他是刻印的，还是初学者，今天带了印花请您指点。”陈老看了我的印花，问宋老：“他刻了多久了？”宋老说：“才刻了四五方而已。”陈老说：“进步这么神速，那就帮我也刻一方吧，我常生病，就为我刻一个‘病墨’印。”几天后我把刻好的印章送去。陈老对我说：“你有什么不懂的马上问我，我立即回答你。你有什么拓片看不懂的，拿来给我看好了。”陈老拿出珍藏的甲骨文拓片和金文拓片给我观摩学习。就这样，27岁的我与78岁的陈老成了忘年交。

每个月，陈老都会给我写信。1970年4月13日，他来信告知我，他已经搬迁至东北街肖王弄31号副门，并在信中诉说道：“现体气仍不强，腿软腰痛头昏，舌赤无苔，依旧如故。”我从陈老那里获得了判别碑帖、拓片考证、断代的经验。当时，陈老经济十分拮据，身体也不好，经常委托我去出售他的藏品。记得有一次，他托我出售一本厚厚的甲骨文拓本，开价45元。当时大家都很穷，识货的人很少。幸亏有个家庭条件比较好、跟我学书法的学生受了我的影响，买下了这本甲骨文拓本。

还有一次，陈老问我要一方端砚，他想请张寒月在砚台上刻一幅他的画像，自己在旁题铭。我在家里找到一块大小合适的端砚送给他。他非常高兴，后来陈老把刻好画像的端砚制成了拓本送给我留念。

通过与陈老的交往，我鉴赏拓片与碑帖的能力大有进步。每次买到满意的拓片和碑帖，我都会拿给陈老过目。有一次，我买到了一大张旧拓的汉碑《祷雨铭》，陈老仔细看后对我说："这是清乾隆年的拓本，东西极为罕见。我来给你题一题。"于是他在上面题写："此本，应是乾隆年拓本，稀如星凤。天铎宝之，陈邦福。"

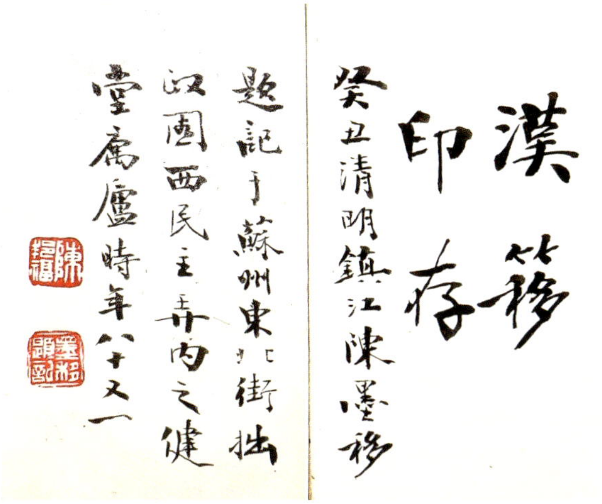

1973年　陈邦福为钟天铎篆刻题签

刻制在砚台上的陈邦福自画像

①陈邦福（1892—1982）

字墨迻，号定诗。江苏镇江人。精研甲骨文，与黄宾虹为治印同好，研究古玺印，常有诗文往来。著有《殷墟霾契考》《殷墟辨疑》《殷墟说存》等。曾为《艺观》杂志撰文，黄宾虹曰："墨迻先生著述等身，尤嗜金石文字。"

巧遇朱犀园先生

1970年，我学刻印不久，想把印稿给费老看看。于是我去干将路108号费老家，敲门后没过一会儿，费老亲自出来开门，见面我就说“我在刻印”，并马上拿出印稿递上去。费老拿起后细细观看，然后大声称赞：“好！刻得好！”随后对我说，他没有刻过印，仅知一二，并指出他喜欢的几方印，我觉得费老还是懂篆刻的。

费老又说：“今天你来巧了，再等一会儿，有位真正懂篆刻的前辈行家要来。”没过多久，一位白发苍苍、手持古藤手杖的老者进了门。费老介绍说：“这位老先生叫朱犀园[①]，我的前辈，清代著名篆刻家清道人[②]的门生，还是苏州市园林管理局的顾问。”费老将我的印稿递给朱老看，他一看就非常兴奋，称赞道：“这太好了！太好了！”

随后，朱老问我是否见过原打的汉印，我回答说没有。朱老说：“我家里有清道人原打的四条汉印条幅，可以借给你一看，你留下地址，我送到你家里去。”他当时已经八十岁了。隔天下午，朱老果真将四条汉印条幅送到富仁里，并且郑重地对我说：“这些东西不是白看的，看有规矩。第一，要慢慢打开，当心不要折断，刻印时不能看，不能污染到原稿。第二，你要为我刻方‘犀禅’印。”并且将手杖顶部上刻着的“犀禅”二字给我看。我就照样刻了方印赠给了朱老。

1985年1月 在艺友室

“左传”印　钟天铎

①朱犀园（1890—1969）

号犀禅，自署兰石小主人、万松居士。祖籍安徽泾县，苏州人。

师从书画家曾熙（1861—1930）学书画。以墨松鸣于时，擅长兰竹松。精于治印，善堆假山与制作盆景，周瘦鹃曾对人说他的盆景制作是和朱犀园学的。

②清道人（1867—1920）

原名李瑞清，字仲麟，晚号梅花庵道士。江西抚州人。晚年寓上海，易道士装。画坛大师张大千、胡小石，均曾投其门下，习书学画。清道人是一位杰出的教育家、书画家、鉴赏家，又是一位情痴、孝子、末代孤忠之臣，一生充满传奇色彩。其最高成就是书法。他自幼善书，落笔坚实，尤喜大篆、西汉碑碣，心摹手追，无不精绝，其中以北魏碑体最为闻名。

古旧书店里结识柳林书记

苏州古旧书店是我最喜欢光顾的地方，我有段时间几乎天天去一次，所以与店员都很熟悉，还享受进书库购买比较珍贵的碑帖和拓本的待遇。

1975年的一天，我进店后在书库里看见一位长者，蹲着在挑选碑帖，他手中拿着两本残缺碑帖，一本是康熙拓本《瘗鹤铭》[1]，一本是乾嘉拓本《石门颂》，正巧是我前几日买到的两本拓本的上半部。我见这位老者很斯文、稳重，挑选的拓本竟然与我不谋而合，犹豫了一下，我决定主动和他打个招呼。于是我走到长者身边，拍拍他的肩膀，说道："您不要找了，你想找的这两本拓本的下半本都在我家里，我前几天买的。"他听后立即站了起来，大声说："老张经理在哪里？"老张听到长者呼唤就跑过来，一看我和长者在一起，就问长者："有什么事？"

《瘗鹤铭》拓片（局部）

《石门颂》拓片（局部）

长者对老张说："我来了几次，要找这两部拓本的下半本，这位小伙子说都在他家里。"老张拉我到门口对我说："你知道他是谁吗？"我说不知道。他说柳林你知道吗？我说知道的。老张说："他就是柳林[2]。你听我的，你把你的两本残帖拿过来送给他。"

隔日，我就把两本残帖送到了古旧书店。柳林书记拿到两部拓本后叫我去他家玩。

一天晚上，古旧书店店员说陪我去大成坊柳林家，我骑车到柳林家楼下，柳林听到脚步声就下楼迎接我们，还对我说，自行车不能放在楼下，要被偷的。于是，他把我的自行车扛到二楼，放妥后，才让我们入室。那时他住的是老公房，面积很小，我们坐在门边座位上，他对我说：“你们吃过没有？”我们说吃过了。“那你们等一下。”

不一会儿，他吃完晚饭，邀我俩坐下，还让我坐在他的椅子上，对我说：“我拿点东西给你看看。”原来柳林书记是位不一般的碑帖拓本爱好者，买了一大堆碑帖，这些残存的珍贵碑帖拓本，已经由他清洁、修补。我印象最深的是分上下册的明拓本《史晨碑》，这些碑帖上的脚印都被他擦掉了，真不容易。

1976年的冬日，大雪纷飞，柳林穿着回纺布棉大衣，来到富仁里5号我家，对我说：“我可能要离开苏州了，不是一天两天，可能要去参加学习班，我介绍一位碑帖专家和你做朋友。”

后来我才知道，柳林书记是去省里任职了。他介绍我认识了北京图书馆研究员、版本研究专家路工先生。路先生从20世纪50年代初调入中央文学研究所，专门从事民俗文学和民间文学的研究，出版过大量民间文学著作。我们交往了很多年，直到他逝世。

①瘗鹤铭

原刻于镇江焦山西麓崖壁上的一块摩崖石刻。其内容为一位隐士为悼念死去的家鹤而写下的祭文，不知何时坠入江中。至宋庆历八年（1048），丹阳钱太守拾得残石一块，为其建宝墨亭，请闲居镇江的诗人苏舜钦作记传诵。此为《瘗鹤铭》考证发端。约700年后，清康熙五十二年（1713），闲居镇江的前苏州知府陈鹏年募工打捞，得残石五方，铭文字体浑穆高古，用笔奇峭飞逸。虽是楷书，却还略带隶书和行书意趣。《瘗鹤铭》的书法艺术对后世影响很大，为隋唐以来楷书典范之一，被历代书法家推为“大字之祖”。

②柳林（1917—2001）

山东省文登市人。曾任中共西海地委副书记、公署专员等职。新中国成立后，曾任南京市委书记处书记、徐州市委第一书记、苏州市委书记等。1976年后曾任江苏省计委副主任、党组副书记。1977年起任中共江苏省委常委、副省长，中共南京市委第一书记，中共江苏省委第二书记。1983年3月任中共江苏省顾问委员会主任。

转职苏州第二织带厂

1978年后，友谊印花厂成立了新的领导班子。当时公安局的瞿成德副主任让我恢复了正常工作。由于友谊印花厂已改名为友谊印染厂，取消了设计室，我被安排到工会，负责职工补助、厂宣传和图书馆等工作。

在工作期间，我一直感到愤懑，之前的经历成为我心中的痛。我觉得只有离开这个伤心之地才能改变自己的命运。当时有几位老员工调离后回来办手续，我直接问他们，调出后是否比现在待遇好，得到的回答是肯定的。这更加坚定了我离开的念头。

在我最需要帮助的时候，一个意想不到的人出现了。苏州染织二厂厂长王嘉祺突然造访我家，这让我感到非常惊喜。我们曾在母亲工作过的红旗布厂共事过，近二十年没有见面。他告诉我，他被调往苏州第二织带厂担任书记，并问我是否想跟他一起去那里，我欣然接受了他的邀请。

在王嘉祺书记的帮助下，我很快完成了调厂手续并前往苏州第二织带厂工作。王书记根据我的特长安排我负责工会宣传及图书馆工作。我充满热情地完成自己的本职工作，让整个厂都洋溢着生机和活力。

然而，命运多舛。进厂不到一年，王书记突然因病去世，我失去了一位非常重要的支持者。政工组组长认为我在这里太屈才，建议我去寻找更适合的地方发展，并说我的工资及福利待遇仍然保留。我马上想到了苏州市文化馆，我给朱根寿打了电话说明情况，他爽快地表示同意。于是，1979年初，我就去了苏州市文化馆报到，担任朱根寿的副手，为举办市级书法展览做前期工作。在苏州市文化馆，我得到了充分发挥才华和能力的机会，也有了更广阔的发展空间。

1979年　从织带厂工会借调到苏州市文化馆工作

创建苏州业余书法研究组和苏州业余篆刻研究组

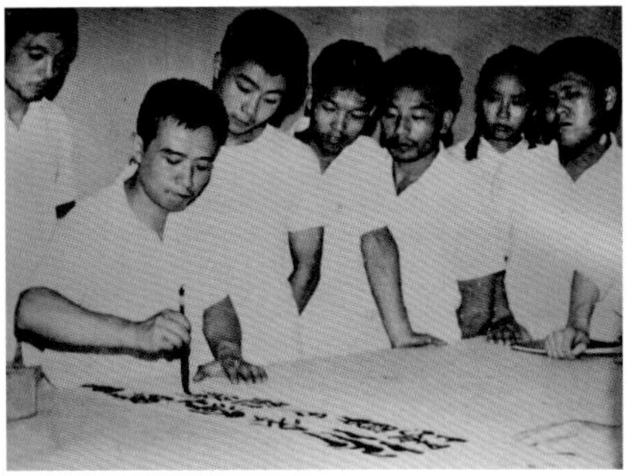

钟天铎在示范书法

1979年8月12日　苏州业余书法研究组书法讲座现场

1979年，我有幸借调到苏州市文化馆，担任朱根寿的副手，负责市书法展览作品的征集与预审工作。这项工作我干了一年。

我向朱根寿提议，现在百废待兴，是否考虑成立苏州业余书法研究组（亦称作苏州青年书法协会，即苏州市书法家协会前身）和苏州业余篆刻研究组（东吴印社前身）。朱根寿说：“很好，你拟定一个名单交给我，我去请示文联谭东战主席。”我立马就拟定了一份名单，成员包括李大鹏、葛鸿桢、潘振元、龚岚、徐源绍、马伯乐、汪鸣峰、朱大霖、陈生甫、谭以文、董文政、奚乃安、李少鹏、王守民、金菊林、费之雄、叶绪弦等。

经过苏州市文联领导同意，由朱根寿担任组长的苏州业余书法研究组和由李寿南担任组长的苏州业余篆刻研究组成立了。此时，我作为两个研究组的召集人，配合朱根寿筹备庆祝建国三十周年的市书法印章展览和研究组的各种交流活动。

1979年7月1日，研究组首次举办了革命烈士诗抄书法展览。

1979年8月12日，研究组举办了一场书法讲座，吸引了许多书法爱好者前来参加。首先发言的是苏州市文化馆的朱根寿，接着，奚乃安、马伯乐分别畅谈了自己的学书体会。随后，我和葛鸿桢、李大鹏、潘振元、费之雄、叶绪弦、张士东进行了现场书法表演。当日，现场气氛热烈，掌声不断。

一时间，苏州业余书法研究组和苏州业余篆刻研究组的活动搞得热火朝天，许多书家的字上了商家招牌，书法艺术在苏州蔚然成风。

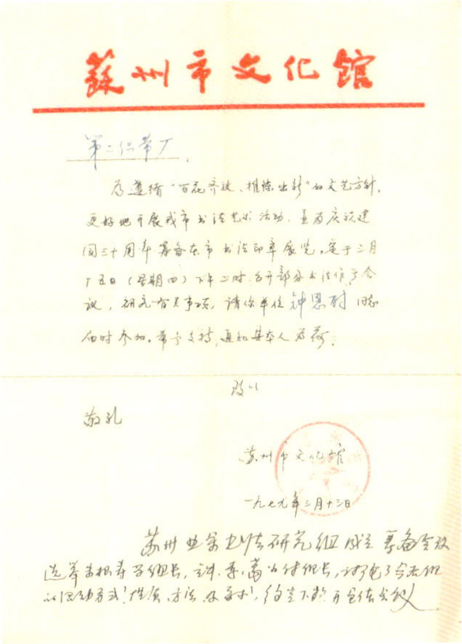
蘇州市文化館

第二纺织厂：

为遵循"百花齐放、推陈出新"的文艺方针，更好地开展我市书法艺术活动，并为庆祝建国三十周年筹备本市书法印章展览，定于三月十五日（星期四）下午二时召开部分书法作者会议，研究有关事项，请你单位钟恩树同志届时参加。希予支持，通知其本人为荷。

此致

敬礼

苏州市文化馆

一九七九年三月十二日

苏州业余书法研究组成立，筹备会议选举朱根寿为组长，谭、李、葛为付组长，讨论了今后组织活动方式、性质、方法、任务等，

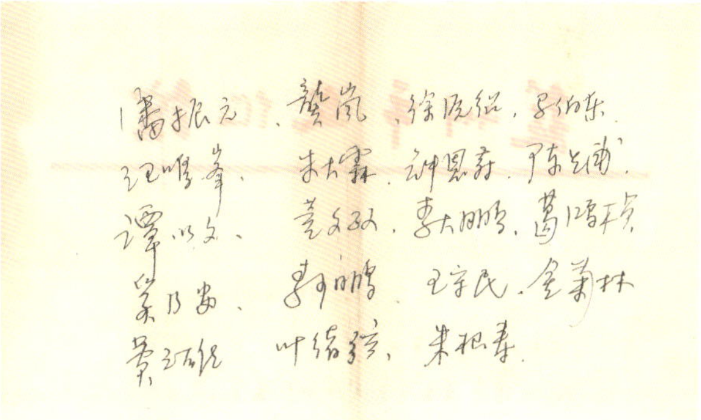
潘振元、龚岚、徐辰纽、马伯乐、王鸣岑、朱大霖、钟恩树、陈文浦、谭以文、黄文政、李大鹏、葛鸿桢、奚乃安、蒋明鹏、王宇民、金菊林、费之雄、叶绪弦、朱根寿。

苏州业余书法研究组名单

1979年7月1日　革命烈士诗抄书法展作者合影

宁夏书协主席胡公石来苏交流

1979年，在苏州业余书法研究组和篆刻研究组建立后，我和苏州市文化馆的朱根寿一起，多次组织小组与西泠印社、北京书法印章协会、河南书法印章研究会、上海青年书法印章研究会及银川书法印章协会进行对口交流。这些交流不仅让我们深入了解了不同地区的书法印章文化，也扩大了苏州书法研究的知名度。

1979年6月2日晚上，在苏州市文化馆二楼，我们接待了由宁夏书画院院长、中国书法家协会宁夏分会名誉主席胡公石率领的银川市书法印章协会会员代表。胡公石[①]是于右任的入室弟子，并在于右任创办的标准草书社任职，是位著名的书法家。我们书法研究组的部分会员参加了这次重要的书法交流活动。大家饶有兴趣地观摩了胡老现场挥毫写的草书。

1979年6月2日　银川市书法印章协会来苏交流

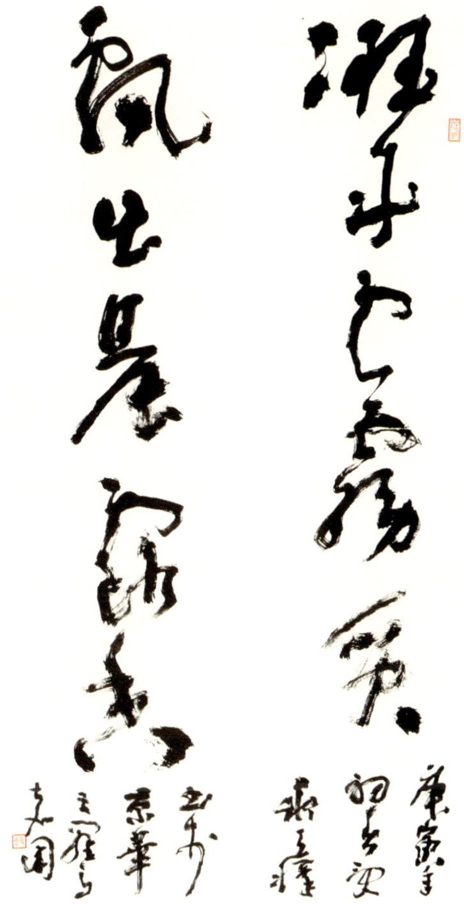

2010年　草书五言联　钟天铎

凝成云雾质，飘出晨露香。

①胡公石（1912—1997）

江苏盐城人。自幼爱好书法。1935年毕业于上海暨南大学，毕业后师从于右任，为于右任创办的标准草书社编校。新中国成立后，他重建标准草书社，任社长。后任宁夏文史研究馆馆长、宁夏书画院院长、中国书法家协会理事等职，著有《标准草书千字文》和《标准草书字汇》等。

在书法大家蒋吟秋家做客

我们业余书法研究组同仁都十分崇敬蒋吟秋先生。1979年6月5日，研究组组织部分成员一起去看望年高84岁的蒋吟秋先生。蒋老知道我们的到来，特意为每位成员安排了凳子，还给大家讲授了书法知识。蒋老告诉我们，1964年，在全国范围内征集淮海战役烈士纪念塔碑文书法稿，陈毅在众多来稿中选中了他的隶书作品。因为，蒋老写的碑文是简体隶书，使传统隶书推陈出新，富有浓郁时代气息。陈毅曾把蒋吟秋所书的淮海战役烈士纪念碑塔碑文、周瘦鹃的盆景艺术和苏州园林誉为“苏州三宝”。蒋老深感陈毅的知遇之恩，每当回忆起这段经历，总是兴奋无比。

这次拜访主要是我们书法研究组成员向蒋老汇报一声我们的创作情况，并在一起照了个相，我记得是我叫张士东拍的。

1979年　苏州业余书法研究组同仁在蒋吟秋家做客

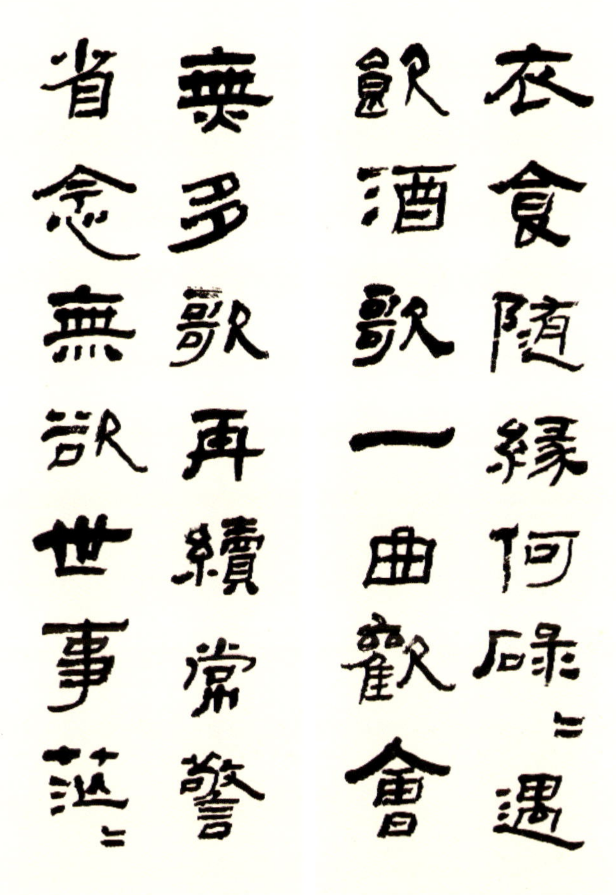

2006年　隶书　沈周《安居歌》　钟天铎

接待中国书协副主席李铎将军

1979年冬天，中国书法家协会原副主席、著名军人书法家李铎[①]和北京市书法家协会主席一起来到苏州市文化馆，我接待了李铎将军及同行。

李铎说明来意：久闻苏州费新我大名，希望能够拜会费老。于是，我去费老家，转告了李铎将军的请求。费老说就去大公园见面吧。于是，我请李将军来到大公园，双方寒暄后，费老向李铎将军介绍了苏州书法界的情况，分享了自己的创作心得体会。李将军听得津津有味，不时发出赞叹之声，还盛情邀请费老去北京做书法交流。最后大家一起拍照留影。

1979年　李铎副主席（右3）与费新我（右4）等在大公园合影

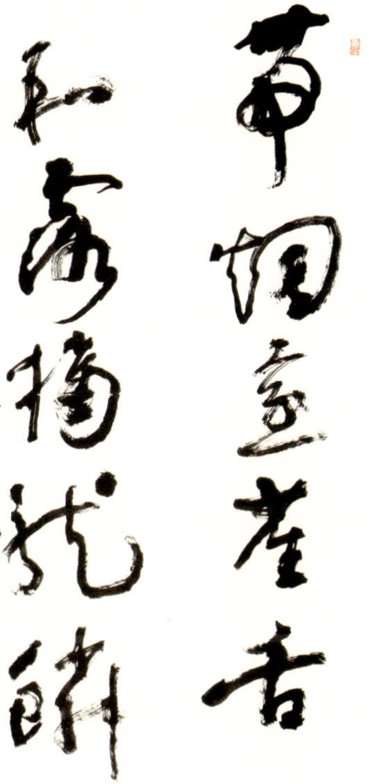

2013年　草书五言联　钟天铎

2014年　大篆七言联　钟天铎

①李铎（1930—2020）

中国书法家协会原副主席、著名军人书法家。

李铎自幼习书，曾遍临颜、柳、欧、赵、二王等。后学苏、黄、米、蔡、王铎、傅山，旁及郑板桥、何子贞，上溯秦篆魏碑和汉隶，广集博采，兼收并蓄，脱旧出新，独树一帜。他以魏隶入行，独创出古拙沉雄、苍劲挺丽、雍容大度而又舒展流畅的书法风格。他的作品气度不凡、雅俗共赏，在当代书法界占有重要地位。他的作品被许多重要博物馆收藏。曾获中国书法艺术特别贡献奖、第二届中国书法兰亭奖终身成就奖等。

074 结识沙曼翁先生
076 参观嘉兴民丰造纸厂
078 在东园明轩举办书印展
080 在南京博物院初识尉天池和萧平
082 我的老友曹大铁
084 苏州工人文化宫职工业余书法篆刻研究小组
086 我的学生凌君武
088 上海青年宫书法组韩天衡来访
090 在南京拜访林散之先生
092 经尉天池推荐加入中国书协
094 我与北影厂钟灵的友谊
096 在南园宾馆偶遇唐云
098 在上海唐云家拜师入室
100 与吴敦木等人同去光福慰问空军
102 与李瑞副部长成为『忘年之交』
104 我的艺友室开张了

第四章

天道酬勤

1980—1985

结识沙曼翁先生

1972年，我通过张继馨和蒋风白的介绍认识了沙曼翁[①]先生。当时，他们知道我对篆刻非常着迷，极力推荐我去见见沙老，因为他既擅长书法又擅长篆刻，可能会成为我的良师益友。

1980年11月　与沙曼翁留影

于是一天晚上，张继馨和蒋风白带我去了沙老家。初次见面，沙老非常友善地拿起我的印谱翻阅，称赞说："不错，不错。"他还询问了我看过哪些汉印、碑帖、拓本，我一一做了回答。我们一起聊了一些篆刻和书法的话题。由于沙老工作在嘉定，每周六才能坐车回苏州，我们之后很少见面。

1980年的一天，沙老偶然看到苏州市文化馆，于是他顺着楼梯走了上来，在书法组办公室见到了我，我们一起探讨了书法和篆刻的区别及各自的技巧和要点。潘裕钰看到沙老边看边用手比画，就笑着说："沙老你太谦虚了，你可是小钟的长辈啊！"

我和沙老很久没见面了，沙老问我："市文化馆是否在征集书法展作品？"我说："是啊。"于是隔了几天，沙老送来了五幅书法作品，但在领导初审中因签名和室名比较消极，未通过。后沙老补了一幅作品参加了这次书法展。

1980年　与沙曼翁留影

①沙曼翁（1916—2011）

沙曼翁，满族，祖姓爱新觉罗，原名古痕。

曼翁8岁学书，14岁练刻。书法酷爱褚遂良，印宗秦汉。稍长，临“二王”行草，学石鼓文、钟鼎文，旁涉汉碑、秦诏版、甲骨文、简牍。虞山萧退庵、书法金石家马公愚皆为其重要师长。曼翁对艺术取法乎上、探本溯源，长期对书法、篆刻理论及实践进行研究，复纵览古人名迹，作品形成了古朴淳雅、苍劲秀逸的艺术风格。50岁后学画，深爱虚谷、八大、石涛等人的笔墨情趣，画风高雅绝俗，清新秀逸之气扑人眉宇，颇多佳趣。

参观嘉兴民丰造纸厂

盛季萱先生是嘉兴市小楷书法家，苏州首批全国书法家协会会员。

1980年11月12日至13日，盛季萱先生委托我邀请几位苏州书画家到嘉兴民丰造纸厂①举办雅集。我就请了沙老、陈质清、张士东、穆之等人同行。

在嘉兴，我们参观了卷烟纸的生产全过程，还在工厂俱乐部合作绘制了一幅画。这幅画以嘉兴的水乡美景为主题，采用了传统国画技法，色彩明快、构图简洁、气韵清新。这次雅集不仅增进了书画家们之间的友谊，也让我感受到了嘉兴的文化特色和民丰造纸厂悠久的工业历史。

第二天，盛季萱先生带领大家游览了嘉兴南湖的烟雨楼。烟雨楼是一处历史悠久的名胜古迹，中共一大开会的那条木船不能上去，只能远看，于是大家在烟雨楼前合影留念，为这次雅聚留下了珍贵回忆。

①嘉兴民丰造纸厂

我国最早的卷烟纸生产厂之一，前身为禾丰造纸厂，由著名爱国民主人士褚辅成于1923年筹资36万银元创办，1925年8月正式投产。1930年中国商人竺梅先、金润庠收购禾丰造纸厂，改名为民丰造纸厂。1936年，工程师褚风章、陈晓岚与奥地利工程师共同研制出“船牌”卷烟纸。翌年经国民政府工商部批准，享有卷烟纸制造专利权。民丰造纸厂是当时嘉兴先进造纸工艺的代表，厂房具有很高的历史文化价值。2010年被列为嘉兴市级文物保护单位。

与沙老（右1）及程质清（左1）一起作画

1987年　《山居图》　钟天铎

在东园明轩举办书印展

1979年，苏州市园林管理局为美国纽约大都会艺术博物馆建造了一座中国式庭院，是仿照苏州网师园“殿春簃”庭院建造的，取名“明轩[①]”。其中一座样板园坐落在东园。我的好友、苏州版画家周伟明在东园担任美工，经常来苏州市文化馆。他看到我为杨明义刻的印章，很喜欢，请我也为他刻方名章，过了几天，他拿到了印章，表示很满意。

1980年5月　与沙曼翁明轩展前合影

一日，周伟明又来苏州市文化馆，见到我就说：“明轩马上要对外开放，但是室内空荡荡的，我想布置个小型书法印章展，你能否在两周内拿出30件作品来？”听后我非常高兴，但时间太紧了，两周内既要创作，又要装裱。正在犹豫时，沙曼翁先生刚好也来了。于是，我向沙老提议我们合作共同办展，沙老欣然答应。在明轩书印展开幕前的准备过程中，我和沙曼翁先生进行了多次商讨。最终，展览顺利开成了。

我俩积极准备，沙老和我各写了15幅作品，包括草书、汉隶、甲骨文各种书体。4月底，30幅作品如约布置在新落成的明轩内，周伟明看了表示很满意。

①明轩——第一座出口的中国古典园林

1979年，苏州市园林管理局组织设计，苏州古典园林建筑公司的能工巧匠以苏州网师园“殿春簃”为蓝本为美国纽约大都会艺术博物馆建造了一座中国式庭院，取名“明轩”。

明轩位于美国纽约大都会艺术博物馆北翼，占地460平方米，建筑面积230平方米，是中国园林走向海外的开山之作。因以明代建筑风格为基调，故名为“明轩”。

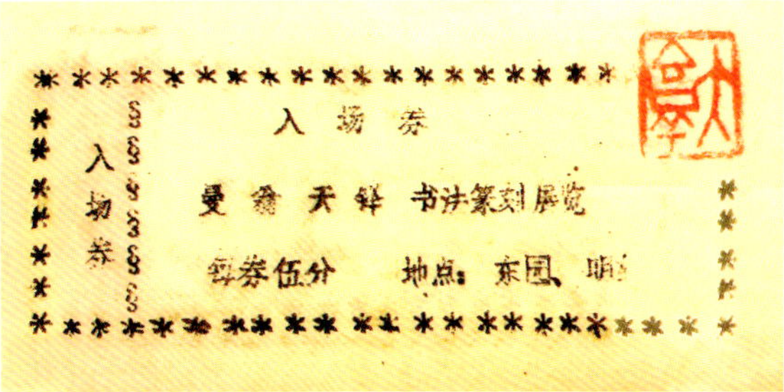

入场券

入场券

曼翁 天铎 书法篆刻展览

每券伍分 地点：东园 明

1980年5月 “曼翁·天铎书法篆刻展览”入场券

1980年5月 东园 钟天铎（左）、沙曼翁（中）、沈鹰（右）

东园是免费对外开放的，为了收回一些装裱费用，我和周伟明商定，打印了一张5分钱门票。园林局还在《苏州报》上发布了明轩“曼翁·天铎书法篆刻展览”消息，一切准备就绪，只等5月1日展览开幕。

就在书印展开幕前一天晚上，正在苏州考察的国务院副总理王任重从当日的《苏州报》上看到了展览消息，喜欢书法的王副总理叫上市领导和市园林局相关人员，当晚就去东园看了书印展，并对我的书法作品给予了高度评价。王副总理次日在南园宾馆会见了我与沙老。这意外惊喜更激发了我追求书法篆刻艺术的信心和决心。

在南京博物院初识尉天池和萧平

与沙曼翁（右2）和程质清（中）一起创作

1980年5月1日，明轩“曼翁·天铎书法篆刻展览”正式开幕。那天一早，我和沙老在东园门口恭候客人，遇到了苏州地委副书记隋性初、苏州地区文化局局长马天云及卢策三位领导。隋书记告诉我们，今天是来邀请我俩去南京出席活动的，并让沙老先同他们乘车前往南京，说明天将派车来接我。

第二天，我乘坐苏州地委的吉普车前往南京。到达南京后，车停在南京博物院门口，我被陪同人员安排在南博鉴定组等待。不料，我坐的椅子竟然是南博鉴定组组长萧平①的椅子。萧平看到我后就询问我找哪位，我说：“我在等沙曼翁。”萧平听后便知道我是从苏州来的。他问我叫什么，我回答：“钟天铎。”他说：“我知道你的。”

于是，萧平提议和我交换一件书法作品，他拿出宣纸并铺在桌上，我写了一幅，其他同志看到后也纷纷向我索字，我又写了四幅作品相赠。这五幅作品都被萧平挂在墙上。

这时，南京师范大学书法教授尉天池扶着有些醉意的沙老走了进来。尉天池看到墙上书法的题款后就对沙老说：“天铎来了。”沙老随即向尉天池询问：“老居士在哪里？”于是我们在萧平的鉴定组相聚了。

我和沙老在双门楼宾馆住下后，萧平提出请我俩到他家吃便饭。隔天，在尉天池的陪同下，我和沙老一同去萧平家做客。萧平提议一起合作画幅画，题为《采菊东篱下，悠然见南山》。萧平安排沙老画茅屋和松树，我画篱笆和菊花，他自己画陶渊明，最后请尉天池题字。画完成后，萧平说沙老就要在南京博物院举办书法展，这幅画作要参展。没想到展览开幕当天，这幅画作就被人买走了。

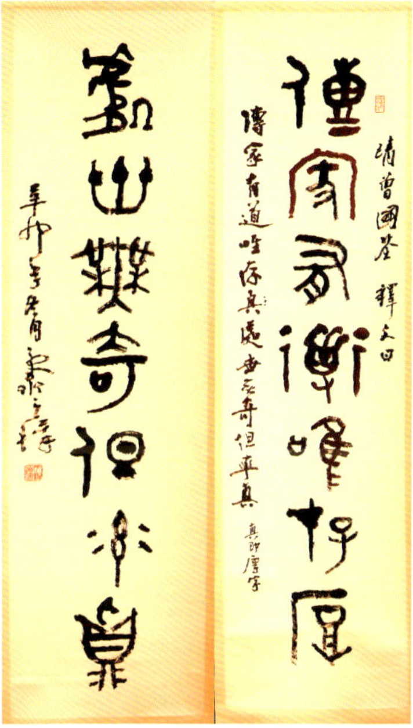

大篆对联　钟天铎

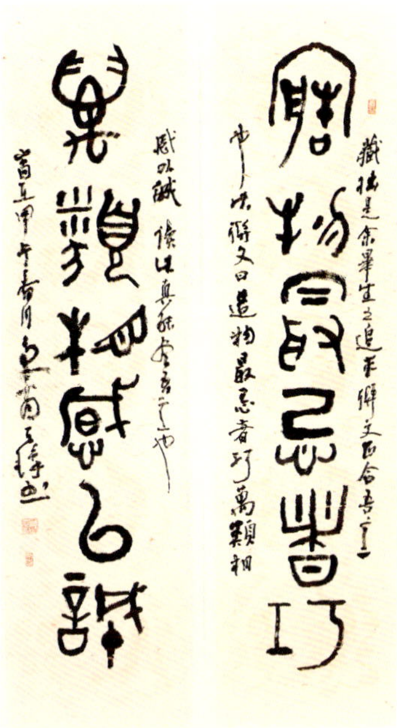

大篆对联　钟天铎

①萧平

1942年生于重庆。1963年毕业于江苏省国画院。集书法、国画、鉴赏、史论、收藏于一身。经过40多年的创作、研究、实践，他在诸多方面均有不凡的造诣和建树。现为江苏省国画院一级美术师、江苏省文化艺术研究院研究员、江苏省美术馆鉴定顾问、南京博物院鉴定顾问、江苏省文史研究馆馆员、清代扬州画派研究会名誉会长。出版有《萧平书画集》《龚贤研究》《陈淳》《鉴识傅抱石》等。

我的老友曹大铁

20世纪70年代，苏州评弹演员金声伯向我介绍了国画家兼评弹演员胡天如。胡天如告诉我，常熟有个奇人一直在临摹石涛山水，据说他与故宫博物院鉴定专家张珩是结拜兄弟。听到这个消息，我非常激动，于一个周末跟着胡天如去常熟拜访了这位奇人，见面后才知道他就是常熟大名鼎鼎的曹大铁[①]。

走进曹大铁家，我眼前满是书画、印章、文玩古董。共同的兴趣爱好，让我们一见如故，交谈甚欢。之后，常熟市文化局局长马天云多次邀请我和沙老去常熟，我与曹大铁逐渐建立了亲密关系。

1980年后，我在南林饭店开设了画廊，曹大铁送来了他临摹的元代著名书画家倪云林的作品。当时南林饭店外宾很多，我们的书画生意很兴隆，能够将自己的画作推销出去是每个书画家的心愿。

曹大铁告诉我："上海海派画家我几乎个个都认识，家家都能进。我看你现在最好拜个师，这样才能'师出有名'。"其实我早就有这个想法了，但是拜哪位大师好呢？还有，人家愿不愿意收我为弟子呢？我有些犹豫。

那个时候，上海国画院的朱屺瞻先生出版了一本《朱屺瞻画集》，一时在书画界掀起一股热潮，朱屺瞻名声大噪。有一天，我又见到曹大铁，询问是否可以拜朱屺瞻先生为师。曹大铁表示没问题，并要我赶快准备拜师帖。我按照他的建议，准备了三样东西：拜师帖、见面礼和自己的作品。

曹大铁在家中

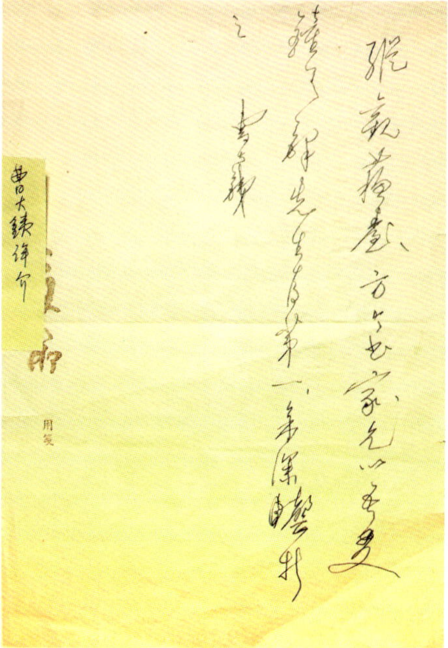

曹大铁评价钟天铎

①曹大铁（1916—2009）

高级土木工程师、著名词作家、诗人、书法家、篆刻家、收藏家、版本目录学家、书画古籍鉴定家、作家，被人们尊称为“江南大才子”“中国真名士”。

他能书善画，喜爱收藏，精于鉴定，尤其对旧体诗词有很深造诣。曾与臧克家、赵朴初、丁芒等人被中国作协评为当代旧体诗词十大作家。1993年，曹大铁旧体诗词总集《梓人韵语》出版，震动中国文化界，启功为书题签，范曾为作者画像，序跋品评及赠酬唱和多为国内文化界翘楚，如张大千、于右任、吴湖帆、谢稚柳、唐云、钱仲联、梅兰芳、程十发等。

苏州工人文化宫职工业余书法篆刻研究小组

1980年 在工人文化宫

1979年我被借调到苏州市文化馆时，人生轨迹发生了转折。经历了12年的磨难，我终于看到了曙光。在苏州市文化馆，我协助筹备市书印展作品征集和预审工作，并组织业余书法研究组和业余篆刻研究组开展各种交流活动。回到家里，则沉迷于石涛、八大、青藤、吴昌硕等大家的画卷之中。

尤其是吴昌硕，他喜欢画荷花，自号“破荷亭长”。由于书法和绘画在运笔用墨上有许多共通之处，我受其影响，又学着青藤，画出了一幅水墨画，名为《池趣》。这是我的第一幅水墨画。我把它挂在墙上，老友曹大铁看了都不相信这是我的处女作。

1980年5月，我在明轩举办了个展，并意外获得了国务院副总理的高度认可，在同行圈里反响很大。我开始声名鹊起，但也引起了个别人的嫉妒。于是我被迫离开市文化馆，去市工人文化宫轻工产品展览会布展组落脚，组长沈民义欣然同意我的加入。我在布展组，上午上班，下午休息。

1980年　苏州市工人文化宫职工业余书法篆刻研究小组成员合影

1980年　工人文化宫业余书法篆刻研究小组活动现场

有一天，我在办公室望见窗外的初中同学汪日荣，他很惊讶地问我："你怎么在这里？"我说明缘由后，他说市工人文化宫正在筹办一个书法印章研究小组，他为此事一直在找我。于是，我又去了汪日荣处，协助他创建了苏州市工人文化宫职工业余书法篆刻研究小组。同时，我还经营了一家沧浪书画社。

除此之外，我与汪日荣负责组织苏州工人文化宫的职工业余书法篆刻研究小组与河南、上海、银川、杭州等地的书画组织进行艺术交流学习，相互切磋，取得了很好的成果，苏州工人文化宫的书法篆刻研究小组人气越来越旺。

我的学生凌君武

1980年 在工人文化宫

1980年，我在工人文化宫的文教组工作时，有两位社会青年前来报到。当时，我注意到其中一位小伙身上散发着灵气和才华，于是叫他过来。他说他叫凌君武[①]，并表达了想要成为一名画家的愿望。我经历过成为画家的艰难过程，所以就询问了他的家庭条件。得知小凌家境不错，我便建议他先去物色一位素描老师，在家里好好练习素描，然后去报考美术学院，首选浙江美院，其次是中央美院或南艺。小凌接受了我的建议，回家练习素描去了。

1982年，小凌考取了南京师范大学美术系。1995年，他再次来见我，我极力建议他趁年轻必须争取去北京中央美院深造。聪明的小凌听从了我的建议，考取了中央美院。1999年，硕士毕业后他又来见我，想听听我的意见："是留京还是回苏州？"我告诉他当然应该留在北京，因为那里才有更多学习和发展的机会。

2005年，我从美国回到苏州，小凌特意来看我，兴奋地告诉我近几年获得的许多艺术奖项。他说当年我曾经指导他用草书笔意画树，他试着用这种方法创作，果然许多作品都获得好评。

2007年，我决定去北京发展，小凌与好友刘定国亲自驾车送我到北京。刚到北京，举目无亲，人地生疏，我确实不太适应。小凌热情关心我，为我引荐了文化部门的朋友，帮助我融入京城书画艺术圈。

凌君武先后担任苏州美术馆副馆长兼苏州版画院院长，加入了中国美术家协会、中国版画家协会，还兼任了桃花坞木刻年画博物馆馆长。看着他的成长，我常常想这不就是我当年梦寐以求的成才之道吗？小凌在艺术上的成功，恰恰证明我当时立志奋斗是正确的，只是命运没有给我机会。

2014年元旦后，我在京紧锣密鼓地筹备在中国美术馆举办个人书画展，惊闻凌君武于1月10日因抑郁症离世，扼腕痛惜。至今，我仍常常念及和他的师生情谊。

①凌君武（1962—2014）

苏州人。1986年毕业于江苏省南京师范大学美术系。1998年于中央美院版画系硕士毕业后留校任教。后任苏州美术馆副馆长兼苏州版画院院长，中国美术家协会会员，中国版画家协会会员。

上海青年宫书法组韩天衡来访

1980年12月20日，上海青年宫的青年书法篆刻研究会成员在上海画院韩天衡和张森的带领下，来到苏州工人文化宫进行书法交流活动。这是苏州文化宫职工业余书法篆刻研究小组成立后接待的第一个同行团体，我和汪日荣都非常重视。

我们专门在文化宫内举办了两场讲座，韩天衡讲篆刻，张森讲隶书书法。当天小小的会议厅座无虚席，参会者踊跃与老师互动，气氛十分热烈。

韩天衡介绍了自己最崇拜的清代篆刻家吴让之[1]的艺术风格，并表示自己学习篆刻很多地方借鉴了吴让之的经验。恰好我收藏有一枚吴让之大印"十二砚斋"，韩天衡听后急不可待，想见到此印。次日，我便将这枚印章带给韩天衡鉴赏，他一看就确定这枚印章的确是吴让之的，他拿着这方印章激动地说："今天亲见大师之印，我将'三月不知肉味'啊！"于是在印章上刻下了边跋。这次与韩天衡的短暂交流后，我俩都对彼此留下了深刻印象。

讲座结束后，韩天衡和张森与大家一同挥笔泼墨，各显其能，畅怀深谈。12月22日，我和几位组员陪同他们参观了东山雕刻大楼。苏钢厂的书法摄影爱好者张士东为这次活动拍摄了珍贵照片。这次活动加深了大家对书法篆刻艺术的理解，同时也为职工业余书法篆刻研究小组拓宽了交流平台。

1980年12月　韩天衡（中）、张森（右）

1980年12月　众人围观韩天衡治印

1980年12月20日　韩天衡挥毫创作

1980年12月　韩天衡、张森一行在东山紫金庵合影

①吴让之（1799—1870）

清代篆刻家、书法家。字熙载，因避穆宗载淳讳更字让之，号晚学居士，仪征人，长期寓居扬州，以卖书画刻印为生，包世臣入室弟子。其行草学包世臣，篆隶及篆刻则师法邓石如。尤其是篆刻，不仅自成面目，而且进一步完善了邓派印风，后来学邓派印者，多从吴熙载入手。他在明清流派篆刻史上有着举足轻重的地位。

在南京拜访林散之先生

1981年10月28日，江苏省书协在南京召开理事扩大会议，我应邀列席。会议休息期间，沙曼翁约我一起去拜访著名书法家林散之①先生。

下午，专车将我们送到林老家门口。大门打开后，只见一条小径直通一座小洋楼，洋楼窗户对着大门。走着走着我看到一个人在远处张望着，由于林老的视力不佳，等到我们走近他才认出了沙老。

林老家的门廊里挂着他的四幅山水画，进入客厅坐下后，林老问沙老："这是你的第几个儿子？"沙老急忙澄清，说我不是他的儿子，而是他的书法朋友，我们一起来南京开会，所以一起来看望他老人家。

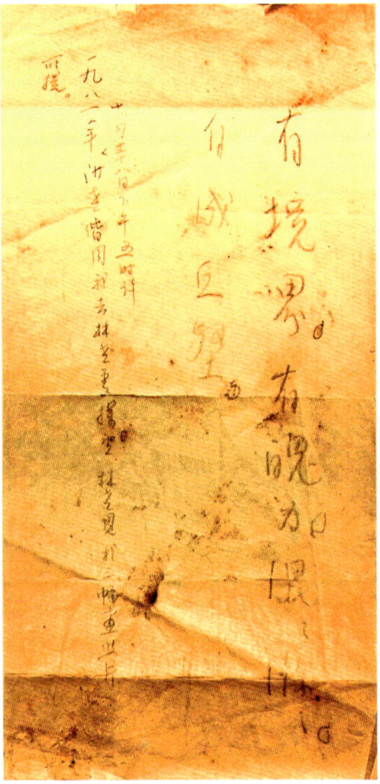

林散之亲笔评价钟天铎

随后，林老转向我，询问我是否带来了书法作品。我摸了摸口袋，正好有两幅刚完成的作品的照片，于是递了上去。林老认真地审视了我的作品，随后在一张纸条上写了"有境界，有魄力，浑浑瀚瀚，自成丘壑"的评语。沙老看后，嘱咐我好好收藏这张纸条。林老送给我的这十四个字是激励我矢志不渝、笔耕书画的永久动力。

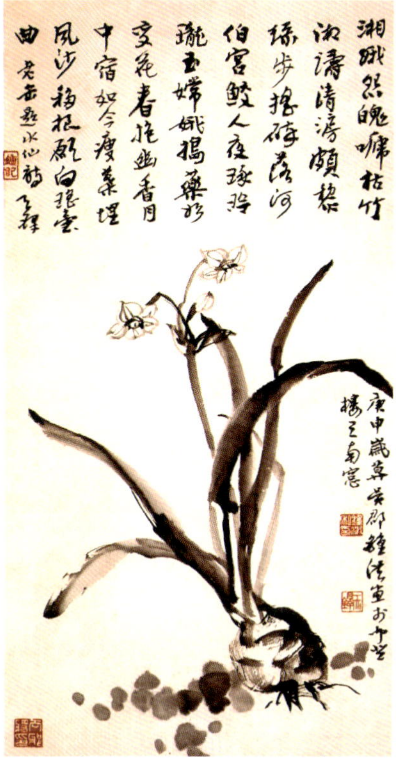

1980年　《玉面婵娟》　钟天铎

1980年　《池趣》　钟天铎国画处女作

①林散之（1898—1989）

字散之，号三痴、左耳、江上老人等，南京江浦人。诗人、书画家，尤擅草书。1972年中日书法交流选拔时一举成名，其作品《中日友谊诗》被誉为“林散之第一草书”，其诗、书、画称“当代三绝”。

经尉天池推荐加入中国书协

1981年春天，南京师范大学美术系教授尉天池[1]给沙老写信说："国家要成立书法家协会了，我认为苏州的第一批会员应该包括你和钟天铎，请你们把作品马上寄到我这里。"听到这个消息我非常兴奋，立即和沙老选好作品寄给了尉教授。我想去年在南京时与尉教授有过多次交流，他对我俩的书法水平有所了解。

1981年5月5日，中国书法家协会第一次代表大会在京召开，舒同当选为首届书协主席，赵朴初、沙孟海、启功等人为副主席，中国书法家协会正式成立。次年5月，中书协第二次常务理事会在成都召开，我被接受为全国书协正式会员，成为苏州市首批入选的五位会员之一，倍感自豪。

1982年1月，尉天池教授专程来苏，为市职工业余书法篆刻研究小组做讲座，演示书法创作。

1982年　尉天池在创作

1982年11月24日，南昌市江西省博物馆举办全国中青年书法家作品邀请展览，征集了全国中青年书法家的500多件作品，选出190件参展，我的作品位列其中。这次书法展代表了全国中青年书法创作水平，反映了全国中青年作者书法创作的动向。

1983年7月26日，《人民日报》刊登了时任中国书协主席沈鹏的题为《全国部分中青年书法家作品展览观后》一文，文中我的名字位列第一。当天，苏州市委副书记周治华在办公室亲切接见了我，他问我："你看到今天《人民日报》上沈鹏主席的文章了吗？”我说没有。他继续说道：“你快去看看吧，你排在第一位，这是苏州的光荣，也是你的荣誉。”为此，我获得了苏州市人民政府颁发的荣誉证书，表彰我在近几年文艺创作中的优异成绩及为建设社会主义精神文明做出的显著贡献。

1983年1月21日，在纪念中日和平友好条约签订五周年的活动中，中国书法家协会、中国文联与全日本书道联盟、中日文化交流协会主办了中日书道艺术交流作品展览。双方各选出150件作品，在东京举行了展览。我的作品有幸参展，能与中日老一辈书法大师同框展出，我十分自豪。

1982年　尉天池与苏州职工业余书法篆刻研究小组同仁合影

①尉天池

安徽省砀山县人。南京师范大学教授、中国书法家协会顾问、江苏省书法家协会主席。

尉天池先后师承沈子善、林散之先生。书学篆、隶、草、楷、行诸体，尤擅行草，书风苍劲浑厚，潇洒豪放，秀逸清奇。自1960年9月担任南京师范大学美术学院首任书法教师起，至今一直从事高等书法教育工作。2013年，尉天池获得第四届中国书法兰亭奖终身成就奖。

我与北影厂钟灵的友谊

1988年7月24日　在北京钟灵家中

与钟灵合作创作

1982年，北京电影制片厂来苏拍摄《一叶小舟》，平江区文化馆的影视培训中心负责接待。《一叶小舟》的导演是黄建中，美术顾问由延安鲁迅艺术文学院（现鲁迅美术学院）毕业的钟灵[①]先生担任。平江区文化馆陈彬馆长知道我擅长书画，觉得或许我能与美术顾问有更好的沟通，就请我去接待钟灵先生。

一天，我陪钟灵老师及他的学生去网师园采风，他见到我就问："你姓什么？"我说："姓钟。"他又问是哪里的"钟"，我说是浙江的"钟"，他说自己是山东的"钟"。两只"钟"出处不同，但志趣相通，初次见面，

①钟灵（1921—2007）

中国美术家协会会员、中国书法家协会会员、中国电影家协会会员、中国楹联学会会员等。中国人民政治协商会议会徽和我国国徽设计者之一。毕业于鲁迅艺术文学院美术系，后在陕甘宁边区做文化教育工作。1953年调任中国美术家协会副秘书长。1956年拜齐白石大师为师，钻研书画。曾任北京电影制片厂导演室主任，作词的歌曲《我们的明天比蜜甜》广为流传。

我们就有一见如故之感。我告诉钟灵老师，我是搞书法绘画的，所以陈馆长让我来陪他。

真是“酒逢知己千杯少”，志趣投缘，“没大没小”。网师园写生出来，钟老师就说去我家看看，于是他带着学生走完一条凤凰街来到我家。走进画室，钟灵看了我的画作《双松图》，大加赞赏，并在画下题了一段文字：前无古人，后无来者……他竟不顾辈分，要向我磕头拜师，还让他的学生也叩头拜师，弄得我不知所措。我急忙阻止道：“哪有前辈给后生磕头的？”

在书画艺术上，我俩有太多共同语言，很快就成了亲密朋友。钟灵对我说：“今后我俩每次见面，必须合作画一幅画，以此作为我们友谊的纪念。”我欣然应诺。

1981年
《双松图》（钟灵题跋）
钟天铎

在南园宾馆偶遇唐云

1983年　和唐云先生(左)

1980年5月，在东园成功举办书法篆刻展之后，曹大铁一直在帮我物色名师。1983年6月，上海中国画院的朱屺瞻等一批画家由唐云①带队来到苏州，入住南园宾馆灌木楼。曹大铁得知这个消息后马上联系我，并告知我，他准备下午去拜见朱老。

下午我按时到达了灌木楼，曹大铁让我先在楼下等候，他先进去见朱老。在大厅里等待时，我看到一位身材魁梧的长者在吸烟。当时唐云于我来说是只闻其名但未见过其人。唐云看到我怀中的几件画轴后，用浓重的杭州口音问我能否让他看看。我打开画轴向他展示并说："请多指教。"他非常认真地观赏了我的画作，并赞扬道："画得不错！字是谁写的？印章是谁刻的？"我回答说："款是我题的，印也是我刻的。"唐云点头微笑说："画好，字好，印也好！继续努力，画出些名堂来。"唐老又说："你把画留下，我会让儿子交给朱老的，晚上给你送回。"然后我向唐老告辞，离开了宾馆。

我和唐云先生初次相遇过程仅仅几分钟，但他对我的印象非常深刻。也许是觉得我是个年轻人，应该没有机会接触书画，怎么会书、画、印都有如此功底？爱才、重才、惜才的唐云决定亲自探探究竟。

次日上午，唐老在曹大铁陪同下来到我家，不巧我上班去了。母亲想打电话让我回家，被唐老阻止了。唐老在我的画桌上看见一尊造像，他拿起查看造像背面的凿款及足部铭文，竟是北魏造像！他很惊奇地问我母亲：“这造像是祖上传下来的吗？”我的母亲回答：“我家没有古董，都是他自己淘来的。我儿子从小就喜欢古玩，像着迷一样。”直到我拜师后才知道唐老对历代造像非常喜爱，他先后收藏了南北朝、隋唐各时期的造像七尊，独缺北魏一尊。这可称得上缘分。加上我还兼擅书、画、印，又喜好古玩，我和唐老的缘分更深厚了。

1985年　《黄山云烟》　钟天铎

①唐云（1910—1993）

字侠尘，别号大石翁，画室名“大石斋”“山雷轩”。自幼酷爱书画，擅花鸟、山水，偶作人物。花鸟取法八大、冬心、新罗诸家，山水自元四家入手，兼涉明代沈石田。他善于抓住特点，大胆落墨，细心收拾，笔墨上能熔北派的厚重与南派的超逸于一炉，清丽洒脱，生动有效。

在上海唐云家拜师入室

1983年6月，我在苏州南园宾馆偶遇著名画家唐云先生后，一直在等曹大铁的回音。大概过了半个月，曹大铁真的来电话了："朱屺瞻先生年事已高，闭门不收弟子了。现在，有个好消息，唐云有意收你为弟子。"我听后异常兴奋。

没隔几日，曹大铁说他在上海静安宾馆与我会合，一起去唐老家。当天，我拿上那尊北魏造像，和曹大铁租车直奔位于上海江苏路的唐老家，赶到后只见张善子的学生曹逸如在门口等我。他见到我后说："唐老等你多时了，赶快上楼。"我急匆匆上了楼，唐老握着我的手，连声说："蛮好！蛮好！"然后就问道："那造像带来没有？"我说带来了。随即从包里取出造像，边奉上造像，边准备行拜师礼。唐老急忙拦住说："造像我收下，其余一切皆免。"说完，他对曹大铁等人说："我留天铎在家里吃饭，你们到下面找个饭馆吃。"曹大铁嚷嚷道："好你个老唐，我刚推荐学生给你，你就一脚把我踢开了。"唐老说："家中难以招待，望老友见谅。"大家哈哈大笑，下楼去吃饭了。

唐老接着问儿子："看看家里还有大闸蟹吗？"儿子回答还有4只，唐老说："好，赶快蒸一下，我和天铎每人2只。"于是我和唐老在一张八仙桌上对酌，边吃大闸蟹，边喝点酒。唐老说，画画人要喝些酒，我说我从小不喝酒，唐老说那今天就少喝点吧。

1983年　拜师后与唐云合影

拜师被用大闸蟹款待，我受宠若惊。酒足饭饱，唐老把我领进他的画室，叫我先坐下，问了我的近况后，叫儿子打开他的藏品宝库，取出20多幅珍贵书画。这天我一口气观赏了唐老三分之一的藏品，印象最深的当然是石涛、八大和新罗山人的原作。唐老竟将心爱的藏品让刚入室的弟子鉴赏，我暗忖，这就是我们今后师生交往的主旋律了。

与吴敦木等人同去光福慰问空军

吴敦木

1984年夏，我邀请苏州国画院副院长吴敦木[1]及沙曼翁、潘裕钰、杭青石等人去光福机场慰问驻苏空军部队。我提议为部队画一幅《雄鹰翱翔保卫长城》。这是我第一次与吴敦木先生合作，吴老说："你先画长城，我来画群山，潘裕钰画雄鹰。"按照顺序应该先画群山再画长城，我想吴老是不是在考验我。

部队同志在墙上张贴好了4张4尺宣纸，我先为吴老要画的群山留好位置，然后勾勒出城墙和烽火台，再进行细部加工。画好后，吴老说："你还真有两下子。"接着吴老开始用大笔蘸好墨，在墨缸上反复挤掉多余的墨汁，一口气在纸面上画出了山体形状，然后用小笔进行皴擦，最后潘裕钰画上5只展翅的雄鹰。

部队同志请我再画一幅司徒庙的"清奇古怪"[2]，我说没问题，先带我去看一遍。他们开车带我去司徒庙，我让部队同志带好相机，在清奇古怪4棵树周围看了许久，回到部队招待处，我说请先把照片洗好，我明天画。

第二天上午，我一口气在4张4尺宣纸上画成了一幅清奇古怪古树图，吴敦木先生看着这幅图，连连点头说："清奇古怪我看到许多人画了，吴湖帆、刘海粟、我的父亲、我自己，比较起来，天铎的这幅最好。"我说吴老过誉了。

这次光福之行，我们在清奇古怪树前留下了一张纪念照片，吴敦木先生因为坐在一边被漏拍了。

1984年　与沙曼翁（左3）等人应邀慰问驻苏空军

1980年　吴斆木

①吴斆木（1920—2009）

生于浙江崇德县（今崇福镇），吴待秋长子，为吴氏第三代传人。幼年随父迁居苏州，是一位数十年醉心于精研传统而又自成一家的著名山水画家。年轻时毕业于复旦大学经济系，后转为专业画家。生前曾任苏州工艺美专（院）中国画教研室主任、名誉院长，苏州国画院院长，苏州吴门画派研究会会长，江苏省工艺美术书画研究会会长，江苏省文史研究馆馆员，中国美术家协会会员，国家一级美术师。

②清奇古怪

指光福司徒庙中的四株汉代古柏，相传为汉代大司徒邓禹手植。

邓禹（2—58），南阳新野人，东汉初年军事家。邓禹13岁能背诵《诗经》，年轻时曾在长安学习，与刘秀交好。公元23年，刘秀平定河北时，邓禹追随刘秀，协助汉光武帝建立东汉，“既定河北，复平关中”。司徒庙是祭祀东汉初大司徒邓禹将军的祠庙。4株古柏距今已有1900余年的历史，清乾隆南巡时命名为“清奇古怪”。

与李瑞副部长成为“忘年之交”

1984年，我的一幅画作《寿桃》在南林宾馆画廊标价800元出售。当时正在苏州出差的电子工业部副部长李瑞[1]恰巧入住南林宾馆。他是一位书画迷，对苏州画家很了解，所以看到张辛稼的画作标价仅为150元时，他很疑惑怎么苏州还有画家的画比张老的画卖得还贵。

1987年 《秋实图》 钟天铎

好奇心促使李副部长询问服务员：“他是何人？”这才得知原来这幅《寿桃》的作者并不愿意出售，只是经过商议，才拿出来展示。这个答案引起了李副部长的兴趣，于是他请求服务员引见我。服务员找到我说，有人愿意出1000元请我画一幅作品，并陪同我去北京见李副部长。

几天后，我与特派员一起前往北京电子工业部，见到了李副部长。我们相谈甚欢，因为他对书画艺术情有独钟。李部长非常喜欢我的画作，邀请我去他家做客，并表示非常欢迎我到北京去。在北京的几日，他安排我住在电子工业部外国留学生招待所，还安排专车供我使用。这次机缘让我感到十分高兴，一幅画，竟让我和一位副部长建立了深厚的友谊。

1984年　在李瑞副部长家中

①李瑞（1921—2011）

河北省望都县人，1938年入党。新中国成立后，任张家口市第一副市长。1960年，任三机部第12研究所所长兼党委书记。1977年，任四机部副部长兼国家电子计算机工业总局党组书记、局长。

我的艺友室开张了

1985年 《竹石图》 钟天铎

1980年4月30日，王任重副总理参观了我与沙老的书法篆刻展后，非常关心我的生活与工作问题，并向市政府建议为我安排合适的工作岗位。然而，我等待了很久都没回音。

1983年，我在上海拜师后，唐云先生也非常关心我的工作情况。有一次，古吴轩在上海办画展，唐老在展会上见到了苏州市委副书记周治华。唐老私下向周书记提起我是他的学生，询问是否可安排我进国画院。然而，之后此事依然石沉大海。

有一天，唐老在苏州东吴饭店打电话叫我过去，他备了一桌菜，把周书记也请来了。周书记告诉我，他为我安排了五家单位：苏州工艺研究所、苏州刺绣厂、工艺美校、古吴轩、艺石斋。唐老认为这些岗位于我不是最合适的选项。我也向周书记表达了自己只想成为一名画家而不是要做官的想法，强烈希望能够进入苏州国画院。唐老也同意我的想法。

周书记问我："如果以上这些单位都不合适，你打算怎么办？"我说准备在十全街开办一个艺术工作室。唐老紧接着对周书记说："天铎创办工作室，你要支持他啊。"周书记表示完全没有问题，有什么困难就找他。

1985年元旦过后不久，我的艺友室在苏州饭店旁边开张了。这是全国首家艺术家个体店。不久《光明日报》派出群工组的党委书记来到我店里，说报社能

1985年　与沈鹰在艺友室

光明日報

GUANG MING RIBAO　1985年2月26日　星期二

农历乙丑年正月初七　第12874号

攸县发现战国和东汉时期墓群

吉林长春首次举办君子兰花展

（均据新华社）

书法家钟天铎办个体“艺友室”

本报讯　记者徐粹六报道：江苏省苏州市四十一岁的书法家钟天铎最近办起个体“艺友室”，出售他本人的书法、绘画、篆刻作品和经艺术加工的文房四宝。

钟天铎是中国书法家协会会员，他不仅以书法见长，而且对绘画、篆刻等也有较深的造诣。他的作品曾先后在全国书法印章、中青年书法篆刻展览会上展出，赢得许多同行的好评。一九八三年四月，他书写的一幅四尺草书李白诗《沐浴子》被选到书法篆刻展览观摩会上展出，受到各界人士的好评。

《光明日报》1985年2月26日
刊登《书法家钟天铎办个体“艺友室”》报道

为我提供一个工作机会，到光明日报社所属的光明画廊工作。我听后又激动又犹豫，这个职位具有很大诱惑力，但考虑到艺友室刚刚开张，我的书画和篆刻又受到国际友人的好评，实在割舍不下，最终我还是婉言谢绝了他们的好意。《光明日报》领导回京后，还特别在1985年2月26日的版面上刊登了我的艺友室开张的报道，这样的待遇令我备感荣幸。

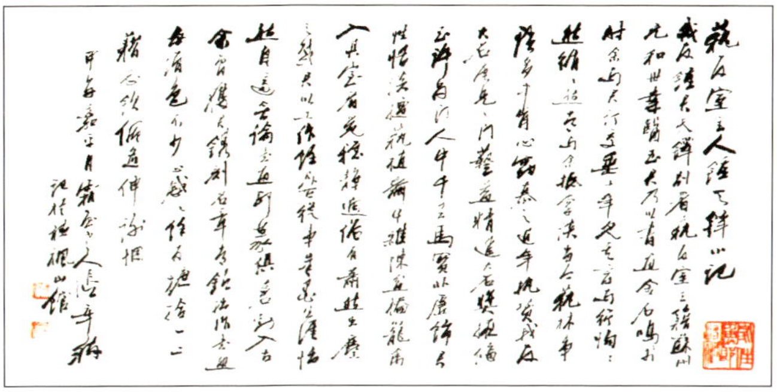

张辛稼《艺友室主人钟天铎小记》

我友钟君天铎别署艺友室，生籍苏州元和，世业医，至君乃以书画金石鸣于时，余与君订交垂十年，见其言与行，恂恂然，循循然，多与余抵掌谈当今艺林事。虽多中肯，心切慕之。近年执资我友大石唐兄之门，艺益精进，大石奖掖备至，许为门人中千里马，实非虚饰。君性恬淡，迂艺植斋中，陈盆桩笼禽入其室者，觉雅静迴俗有萧然出尘之感。君以工作之余，从事笔墨生涯，恬然自适，无论书画印篆俱苍劲入古，余曾获君镌刻名章，多钤拙作书画，每增色不少，心感之余为庶拾一、二，借志领俯并伸谢悃。
甲子嘉平月霜屋老人，张辛稼记于听枫山馆

108 日本文书馆代表浅见满来访
110 为日本著名画家安野光雅治印
112 首次出国，恩师为我写了三封推荐信
114 前往日本交流书法篆刻艺术
116 横滨竹青会书法家岛津信作
118 结识续木湖山教授
120 受邀参加日本书道美术馆年展开幕式
122 与水本务教授相交
124 结识日本著名书法家鬼头墨浦
126 在东京举办『启功、天铎书画展』
128 过新加坡《联合早报》『面试』关
130 新加坡乌节坊『钟天铎书画篆刻展』顺利开展
132 在新加坡指画大师吴在炎家过生日
134 拜访新加坡书法泰斗潘受
136 为『袖海楼』杨启霖鉴定书画
138 参加新加坡妙华书画会『中秋雅聚』

第五章

走出国门

1986—1998

日本文书馆代表浅见满来访

1985年年末，苏州文物商店友人向我推荐了来自日本文书馆的浅见满先生。在1986年新年的第一天，寒山寺钟声刚刚敲响，浅见先生就来到我的艺友室，请求我为他刻一方“浅见满”印。我在刻，他就在一旁观看，刻完，浅见君对印章感到非常满意。

接着，浅见君郑重地说道：“我去过中国许多地方，见过不少篆刻家，但只有两位能让我看得上，一位在曲阜，另一位就是你。你的篆刻水平很高，如果去日本，你会获得更多人的欢迎。我想邀请你去日本举办篆刻展销会，你有兴趣吗？”我欣然应诺。

1985年　浅见满在艺友室

浅见君继续说道：“我回日本后需要做些宣传，以便让更多人了解你的水平。我先征集些客户，将刻印要求和石料发给你，你先完成这些订单，以确保你日后的旅行费用和在日本的日常开销有保障。”我完全赞同浅见君的方案。

浅见君回国后很快就寄来了几十方石章。我用7天完成了任务，并迅速将印章寄回日本。浅见君高兴地给我回信，称已经为我筹集了20多万日元的费用，足以支付我往返日本的开销。

接下来不到一个月，浅见君就把签证材料寄给了我。我去上海日本领事馆办好了签证，准备3月启程。至此，我踏出了篆刻艺术走出国门的第一步。

“山本义男”印　钟天铎

“翠凤”印　钟天铎

“岭”印　钟天铎

“碧岩”印　钟天铎

为日本著名画家安野光雅治印

1985年4月，日本著名装帧画家和绘本作家安野光雅[①]来中国进行写生活动，泊宿在苏州饭店。抵达当天，他来到艺友室，看到我在刻印，当我打出印谱后，他大声赞赏："好！好！好！"于是，安野先生拿出三方印章让我磨掉并重新篆刻。

安野先生说他叫"光雅"，中文发音跟"黄河"相同，因此让我先为他刻一个"黄河长流"。接着，他又提到自己最喜欢贾岛诗中的一句话："云深不知处"，要我再刻一方这句诗。最后他说在杭州古玩店曾看到一方印，印文为"云中一雁"，他说意境很高，他很喜欢，因此请我再刻一枚"云中一雁"。

我一口气为安野先生刻了三枚印章。他满意地拿出日本点心犒劳我，最后他还请我为日本著名演员高峰秀子刻一枚"秀子"，我把这枚印稿贴在店里，吸引了许多日本观光游客，有些游客就冲着这枚印章，成了我的主顾。

安野先生回国后出版了一本《中国运河写生集》，在画册中放了这三枚印章的图片，并写道："在中国旅行时迷上了篆刻，甚至达到如痴如醉的地步，买了很多篆刻作品集，像着了魔一样，还买了自己根本看不懂的篆刻史书。这些作品虽然读不懂，但就像抽象画一样，令人心旷神怡。"

1987年7月16日，我在涩谷友人的画廊举办书画篆刻展时，写了一封邀请信给安野先生，他还特地赶来祝贺。

《中国运河写生集》 安野光雅

“云深不知处”印 钟天铎

“黄河长流”印 钟天铎

“云中一雁”印 钟天铎

①安野光雅(1926—2020)

日本著名装帧画家、绘本作家。安野的代表作《不可思议的图画》在世界上广受好评。1984年,他获得了国际童书界的最高荣誉“安徒生奖”。

首次出国，恩师为我写了三封推荐信

唐老在大石斋

1986年3月，我开始准备前往日本，出发前去拜访唐老。唐老得知我的计划后非常高兴，特地请我在他家住了五天，并给他的日本好友东山魁夷[①]、平山郁夫[②]及日本篆刻家梅舒适[③]分别写了一封亲笔信，向他们隆重推荐我这个年轻的中国书画篆刻家。

唐老对我说："我刚出版了一本《唐云画册》，我签上名字，你带去给他们看看。"我非常感激唐老对我的支持和鼓励。

在唐老家的五天里，他一直陪我看画。一天唐老要去国画院开会，担心我寂寞，便问我想看些什么。我说就想看看他的碑帖，于是他让儿子把他收藏的许多碑帖搬到我的床上。我打开一本清拓本，发现里面盖满了赵之谦[④]的收藏章，我对唐老说这本帖非常珍贵，是真品。唐老见我对碑帖这么熟悉，感到非常开心，因为他明白了，我对碑帖也有很深的研究。

我又拿起一本南宋拓本小字《麻姑仙坛记》[⑤]，墨迹有点洇，但我自己收藏的一本元拓本，墨迹干爽、字口清楚，而且还有两个收藏章，一个是新罗山人的，一个是"扬州八怪"黄慎的。我告诉唐老这件事，他听了非常高兴，请我下次来时把拓本带给他看看。后来，我把自己的《麻姑仙坛记》元拓本送给了唐老，唐老后来把这两本拓本编成一套合集出版了。

在先生家，唐老儿子对我说：“平时父亲的学生到我家，通常只能站着和父亲谈话，你是特例，不仅能坐着与父亲交流，还能留宿在我家，这样的待遇除了父亲的拜把兄弟曹大铁外，没有第二个人享受过。”我非常感激唐老对我格外关爱，这次经历让我一生难以忘怀。

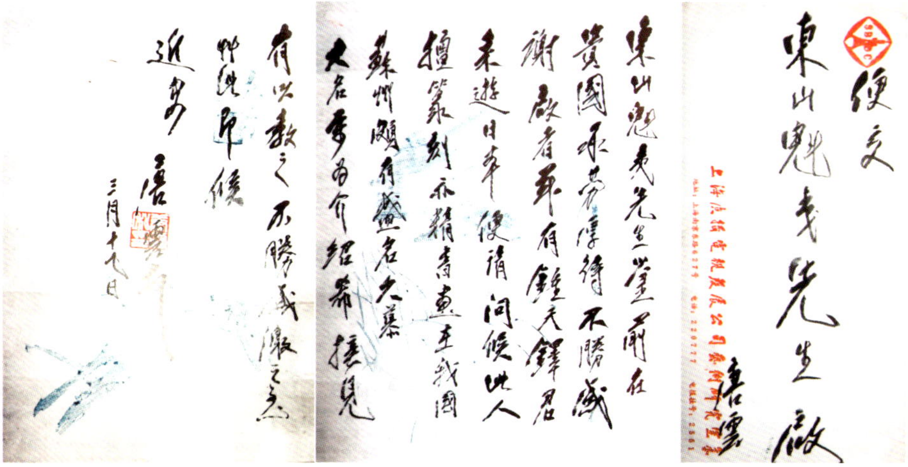

唐云写给东山魁夷的亲笔信

①东山魁夷（1908—1999）

日本风景画家、散文家，1933年留学德国。

②平山郁夫（1930—2009）

著名画家，日中友好协会原名誉会长。

③梅舒适（1914—2008）

大阪人，1948年创立“篆社”，日本篆刻家协会理事长。西泠印社名誉副社长，日本书法界泰斗。

④赵之谦（1829—1884）

字撝（huī）叔，清代著名书画家、篆刻家，与任伯年、吴昌硕并称“清末三大画家”。绘画上，他是“海上画派”的先驱人物，以书、印入画，开创了“金石画风”。书法上，他是清代碑学理论最有力的实践者，其魏碑体书风的形成，使他成为清代第一位正、行、篆、隶诸体真正全面学碑的典范。

⑤《麻姑仙坛记》

颜真卿书于大历六年（771），当时他在抚州刺史任上，时年63岁。《麻姑仙坛记》是颜真卿晚年楷书重要作品。

前往日本交流书法篆刻艺术

1986年5月，我乘飞机从上海飞往东京，这是我首次去一个既熟悉又陌生的国家，内心充满了好奇和期待。

到达成田机场后，东京文书馆职员举着牌子在入境通道迎接我。专车沿着整洁的高速公路进入了繁华的东京市区，林立的高楼大厦让我感到惊讶。下午3点左右，我到达位于池袋的文书馆，浅见社长带领全体职员放下工作欢迎我，并与我合影留念。

1986年　与浅见满先生在东京

文书馆为我安排好了工作室，一间仅有10平方米的榻榻米和室，这里将是我为期2个月的篆刻艺术交流的活动之地。浅见君在工作室门口放了一张长桌，告诉我，从明天开始，我要在这里接待客人，他们都是书法爱好者，会有许多问题需要我回答。我的随行翻译在一旁仔细听着文书馆对这次交流活动的要求，我将篆刻工具和石材摆放整齐，准备迎接赴日交流的挑战。

第二天，文书馆刚刚开门，客人早已在门外等候多时了。他们有序地走到我的工作室前排队，先递上一封“谢礼”，然后向我提出各种关于书法的问题，比如哪些碑帖最适合练习草书，提问后还希望与我做更多的交流。我感到非常惊讶，没有想到中国传统的书法和篆刻艺术在日本有这么多的爱好者。

1987年　为日本友人写书斋匾额

两个月里，我不仅与来自日本各地的书法爱好者互动交流，还结识了多位日本书法界的名家，深入了解了日本书法家的艺术风貌，收获颇丰，印象深刻。

浅见君为我引荐了一位热爱书法和汉诗的岸田胜则教授，岸田教授平时在家写写字，吟吟诗。这次他来拜访我，想请我为他的书斋取个名字，同时题写一块匾。我想了想，突然脑海里蹦出“时吟轩”三个字，岸田教授一听就说太贴切了。次日他带来一块匾，我用篆书题写了匾额，岸田教授对此非常满意，付了6万日元。

横滨竹青会书法家岛津信作

1985年中秋节晚上，我正在艺友室创作，忽然进来了一位外宾，他自称是日本书法家，进来后仔细观赏墙上的画作，然后用流利的中文说道：“这是石涛，那是八大。”我一听便知道他对中国书画有所了解，于是热情地邀他落座。

他叫岛津信作，是一位来自横滨的书法家。他热爱中国书画，曾受到日本著名汉学家青木正儿的启蒙。20岁时就迷上了中国明末书法家倪元璐的作品。50岁后，他又喜欢上了晚清书画家蒲作英，特别钟情于“蒲竹”。

岛津先生在艺友室里欣赏了几幅作品后，非常喜欢其中的两幅，还要求我为他刻制两方印章。正要离开时，他又在我的画筐里发现了一幅梅花画作，并希望买下来。初次相识，岛津先生竟然买了我的三幅画作、两方印章。

1986年5月，我在东京池袋文书馆举办书法篆刻交流会，岛津先生专程从横滨赶来。他带给我一本《朝日新闻》特约画家安野光雅的《中国运河写生集》，岛津先生告诉我，这本书中有一段纪事与我有关。原来，安野先生把我刻的三方印都刊载在书上了。岛津先生看到后，特意买了一本送给我留念，让我十分感动。

2010年　与岛津先生（右）在北京

2010年2月，我客居北京，岛津先生又专程飞抵京城，我们再次见面交流。我为他的书斋题写了“澹斋”和“来鹤庐”两个匾额，以示友谊长存。我和岛津先生的友情一直持续至今。

1986年5月　与岛津君在东京

1987年7月　在岛津君家中书房

澹斋

结识续木湖山教授

续木湖山是日本著名的书法家，同时也是一位活跃的书道教育家和研究者。他曾担任过帝京大学教授、帝京大学书道研究所所长、东京书道教育会理事长及日本全国大学书写书道教育学会会长等职务。续木湖山在日本的地位非常高，文书馆视其为最尊贵的客人。

1987年　与续木湖山合影

1986年，浅见社长的儿子邀请我到日本进行书法篆刻交流，但因社长对我并不了解，于是他请续木教授对我做一次“面试”。一天中午，浅见社长在文书馆小客厅准备了四份日式套餐，我注意到四人标准各不相同。我和社长的是一千二百日元，翻译只有八百日元，而续木教授的则是五千日元标准。这让我第一次体验到了日本招待层次分明的文化特色，也显示出今天的贵客身份不凡。

续木教授因会见四川省书协代表团而迟到了二十分钟。他一到就和我们打招呼，并拿出代表团送给他的一卷书法作品，让我评价。续木教授先拿出一幅，我摇摇头，接着又拿出副团长的作品，我还是摇摇头。续木教授坐下后没有动筷，他从口袋里取出两方印章让我鉴定。我认为其中一方是仿陈曼生的，另一方则是黄牧甫[1]的。续木教授问我如何知道后者是真的，我解释道：因为签款是“黄牧父”，“父”是黄牧甫早年的签款，“黄牧甫”则是晚年的款。续木教授听后点头赞成，这次的“面试”也就到此结束了。浅见社长的脸色看起来轻松了不少，我们开始享用美味的日式料理。我成功过了向日本书法界人士推销自己的第一关。

大约第二天，续木教授邀请我到他家做客。他的屋子挂满了齐白石、王一亭、吴昌硕等书画大师的作品，琳琅满目。续木教授对我的评价很高，他拿出一件立轴，请我鉴定纸质和字迹。我一看到香灰色的纸张，就认定这是乾隆年的。他将画轴展开，露出一个字让我看，我一眼认出，就对他说这是刘墉的书法，续木教授点头赞同。接着，他又请我看签名下的两方印章，其中一方竟然打反了。他问我为什么真迹上的印章会打反？我告诉他这很简单，因为刘墉年纪大了，这种情况经常发生。续木教授说："因为这方印打反了，我这幅画买得很便宜。"所以他特别高兴。

续木教授是一位非常注重藏品鉴定的收藏家，他只有在多位专业鉴定家确认过后才会放心购买。那天续木教授还拿出一方"风"字型砚台，请我鉴定其年代。根据这方砚台的做工和式样，我认为应该是乾隆年制品。续木教授拿出一本他编印的砚台图谱，翻开其中一页，发现这方砚台被标注为"宋代"，而我则坚持认为它是乾隆年的，续木教授感到遗憾，说如果早些认识我，他就不会标错了。

接着续木夫人还用小推车推出几件砚台，请我一一鉴定。经过了几次"眼光较量"，最终续木教授认可了我的实力。浅见社长说，能够被续木教授请到府上做客已经足以证明我的实力了。临走时，续木教授还对我说："你有机会多来日本啊！"

①黄牧甫（1849—1908）

安徽省黟县人，篆刻家、书法家、金石学家。

八九岁即操刀习印。29岁时出版《心经印谱》。

1887年，两广总督张之洞、广东巡抚吴大澂在广州设广雅书局，从事经史校刻。吴大澂邀请牧甫参加广雅书局校书堂工作，牧甫前后在广州居住18年，留下大批印作。

受邀参加日本书道美术馆年展开幕式

1986年5月，我在东京受邀前往日本书道美术馆，出席该馆书道年展开幕式。这个展览是由日本书道美术馆常务理事饭岛春敬[①]主持的，他是一位备受尊敬的书法家和教育家。

当天，我在老友佐藤明陪同下来到展厅，刚入场就被春敬的学生们围住了，他们提出各种问题，想要了解我对日本书法的看法。在佐藤君的帮助下，我回答了他们的问题，与这些年轻书法爱好者进行了友好交流。

接着，饭岛春敬的儿子饭岛太久磨先生亲自引领我参观展览，并请我对参展作品进行评价。我根据自己的艺术眼光，对许多作品发表了自己的看法。太久磨先生对我的评价表示了赞赏和感谢。

此外，我还遇到了日本书道美术馆理事鬼头墨浦的儿子鬼头墨峻，他有作品参加了这次展览。他见到我时，非常高兴地拉着我去看他的作品，并请我对其作品提出指导意见。我认为他不仅继承了其父亲的优秀传统，在书法上还有了新的发展，真正做到了“青出于蓝而胜于蓝”。我俩一起在他的作品前合影，这是我难忘的经历之一。

1986年5月　与鬼头墨峻在书法展览会上合影

与饭岛太久磨（后左1）、佐藤明（后右1）在书法展上

①饭岛春敬（1906—1996）

东京人。创办日本书道美术馆，奠定了书道馆兴盛的基础。常年收集研究古笔及中国古代书法文物等，著作有《饭岛春敬全集》《日本名笔全集》等。

与水本务教授相交

1987年7月14日　与水本务在玉兰新村家中

我有一位好友叫水本务，他非常喜欢中国书画，能讲流利的中文。每次访问中国，他都会请我陪他前往苏州文物商店，大约去了几十次，购买了一百多件中国书画。他最喜欢的艺术家是清代书画家、篆刻家陈鸿寿[①]，因为他的作品相当具有金石气。此外，水本教授还买了晚清擅长描绘花果、禽鸟和山水的虚谷，蒲华及民国时期著名书画篆刻家、西泠印社首任社长吴昌硕等人的作品。水本教授还收藏了任伯年、王一亭及现代画家、书画鉴定家吴湖帆的作品。

1987年7月13日，我第二次前往日本。这一次，水本教授邀请我去他在所泽市的家，并向我展示了他收藏的一副陈曼生的对联：高人洗桐树，君子爱莲花。水本教授非常喜欢中国古典文化，并且对其有着深入研究。他解释说："这副作品的上联取自元代四大家之一倪瓒的《洗桐图》，下联则引用了北宋周敦颐的《爱莲说》。这些引文的含义非常深刻。"随后，水本教授带我参观了他专为收藏书画而建造的防火密室，这个密室能够保持恒定的温度和湿度。他说："所有在苏州购买的艺术品都登记在册，每天我会更换一幅挂在室内欣赏。中国书画真是一种美妙的艺术，让我深深迷恋，如痴如醉。"

1987年7月14日　在水本务教授家

①陈鸿寿（1768—1822）

杭州人，书画家、篆刻家。号曼生。其工诗文、书画，善制宜兴紫砂壶，人称其壶为“曼生壶”。书法长于行、草、篆、隶诸体。行书峭拔隽雅、分书开张纵横，独步有清一代。篆刻师法秦汉玺印，旁涉丁敬、黄易等人，印文笔画方折，用刀大胆，自然随意，锋棱显露，古拙恣肆，苍茫浑厚。为“西泠八家”之一。

结识日本著名书法家鬼头墨浦

1985年，日本书道美术馆理事、墨渚会会长鬼头墨浦访苏，与我在艺友室相识后，请我至少刻了五方印，在他的带领下，墨渚会的人都喜欢我刻的印。此后，我们之间的交往变得频繁起来。一年后的1986年5月，我前往东京文书馆举办交流会，那时已经68岁的鬼头墨浦带着儿子鬼头墨峻专程前来探望，送了我一本《鬼头书法集》，并说："在日本，一个书法家要到60岁才能出版自己的作品集。"这句话体现了鬼头墨浦对艺术沉淀时间的重视，深深打动了我，也让我对这位资深书法家产生了更深的敬意。

1919年　鬼头墨浦

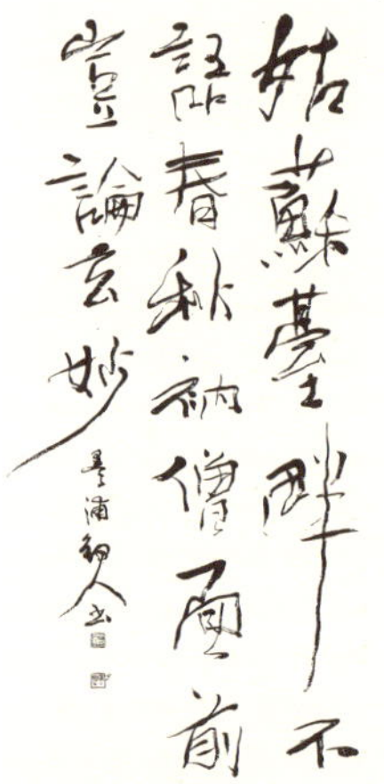

鬼头墨浦书法作品

在接下来的多次交往中，我发现鬼头墨浦先生总是沉默寡言，但他在日本书法界却备受敬重。全日本书道联盟理事长饭岛春敬在鬼头墨浦《鬼头书法集》的序言中写道："书法即生活。鬼头墨浦担任日书美联董事长已超八年，但从未看到他进行自我宣传，这完全是他行事谨慎的性格使然。作为墨渚会首领，他手下有许多年轻有为的书法后起之秀，其中包括他的儿子鬼头墨峻，后者将来也必将成为一位值得期待的书法家。"

鬼头墨浦的老师村田先生是一位以创新风格赢得世人欣赏的书法家。墨浦君从村田先生那里汲取了创新风格，同时还受到晋唐书法和明清艺术的影响。因此，他的涉猎范围非常广，并且追求"书法即生活"的境界。这种内心的洁净和对艺术的执着，让人十分羡慕。同时，他讨厌张扬和自我宣传，专注于享受书法带来的纯粹快乐。因此，每次他的书展都会得到热烈反响。

鬼头墨浦的儿子鬼头墨峻比我大两岁，也是一位优秀的书法家，师从伊藤峻岭，是其父亲的高徒。当时，墨峻君担任每日书道会常任顾问、日本书道美术馆会长及全日本书道联盟顾问，多次来中国访问，和我一直保持着联系。

1987年7月7日　在东京鬼头墨浦家

1986年5月　在东京与鬼头墨浦合影

在东京举办“启功、天铎书画展”

1986年5月，我首次赴日交流回国后不久，长江株式会社佐藤明约上水本务教授来我家商谈第二次赴日交流计划。水本教授提醒我这次篆刻价格定得太低，建议下次提高。最终我们达成了一个折中协议：每字定为3万日元。

1987年7月，我开始筹备赴日举办书画展销会之事。佐藤君与北京许多著名书画家都有深厚友谊，这次他向启功先生征集了十多件书画作品，并请北京著名书法家黄苗子为“启功、天铎书画展”题写了会标。7月30日，在东京涩谷友人画廊，“启功、天铎书画展”开幕，规模虽然不大，但来客络绎不绝。买家看中一件作品后，要先付定金，然后贴上“已定出”标签，等画展结束后，再全额付款取走画作。这种方式既保证了展览的完美呈现，也给了收藏家回旋的余地。

友人画廊是父子二人共同经营，开幕式上来了许多画家。续木湖山教授带领学生一同前来祝贺。他们送给我一束鲜花，我非常感动，画了一幅《鲜花图》作为回礼，学生高兴得合不拢嘴。我还收到了续木教授赠送的两幅小字，回赠了他一幅《茶花图》。

1987年7月21日　续木湖山教授来画廊做客

1987年　与友人画廊老板合影

过新加坡《联合早报》"面试"关

1988年7月，我受邀前往新加坡举办书画篆刻展。在此之前，我先将80幅作品彩照寄给主办方华瀚书画会。展览主办方为此特别召开了理事会来审阅作品，会后，大家一致同意办展。

原本主办方邀请了新加坡副总理及新加坡美术协会主席来主持剪彩，但是这两位重量级人物出差公干了，所以临时需要找其他人来剪彩。我提出能否请吴在炎先生，他是潘天寿的学生，在新加坡美术界也是德高望重的大家。于是我和吴在炎的学生带着作品集去拜访他，准备请他主持剪彩。吴老听后表示："我已对外宣称，凡是潘天寿学生来星岛办展，我一定主持，其他人我就不出面了。"这使我感到有些尴尬。不料吴夫人看了我的作品后，对老公轻声说道："这位钟先生画得很好，你打个电话给黄锦西[①]，看看请他出场可否？"吴老马上站起来，拨通了黄锦西的电话，约定时间后，吴老告诉我，黄锦西叫我去报社见面。

隔日，我和两位友人来到《联合早报》社，只见大厅四周悬挂着程十发、唐云、吴湖帆、张大千的四幅大画。在会客室等候时，黄锦西总经理带着三位专家进来，一位是新加坡美术评论家，一位是古董协会主席，还有一位是宗教协会会长。公关经理胡杰给三位专家发了名片，却独独没有发给我。紧接着三位专家分别向我提一个问题，俨然一场"面试"。美术评论家问我中国画的走向，我认真作了回答。古董协会主席问我"曼生壶"落印特点，我回答，一方"种榆仙馆"敲在壶的圈足里，另一方"彭年"敲在壶把手下部。宗教协会会长问："佛教和道教，哪一种宗教更加亲近中国画？"我回答："道教。"三位专家对我的回答均表示满意。

在《联合早报》社作画

1987年　《江南雨后》　钟天铎

"面试"结束后，黄锦西对我说："凡到报社访问的画家都要留下墨宝。"说着胡杰经理带我去了一间宽敞的会议室，大桌上铺着一张四尺整张宣纸，我定定神，准备画一棵老松树。当我画到三分之一时，胡经理拿出名片说："刚才我忘记给您名片了。"我也随手拿出一张名片递给他。画还没有画完，胡经理轻轻拍了下手，突然进来三位摄影记者，对着我一阵狂拍，弄得我面前一片光亮。加完钤印后，我走出画室，穿过记者办公室，大家都在注视着我。到了总经理办公室，黄锦西已在门口等候了，开口就说："祝贺你！"边与我握手边说："8月23日下午5点半，我会准时到达乌节坊三楼展厅为你的书画篆刻展剪彩。"

①黄锦西

曾任新加坡《联合早报》总经理及报业控股华文报集团总经理，因贡献突出，荣获新加坡政府公共服务奖。

新加坡乌节坊“钟天铎书画篆刻展”顺利开展

1988年8月23日下午5点半，“钟天铎书画篆刻展”在星岛最繁华热闹的乌节坊三楼展厅隆重开幕。《联合早报》总经理黄锦西先生出席并为展览剪彩。

1988年8月　黄锦西为展览剪彩致辞

开幕式上，黄锦西强调了艺术家应忠实于艺术，追求真实而独特的艺术语言，加强对生活和自然的倾心与感悟，只有这样，其创作的艺术作品才能引起世人的关注和赞赏。黄锦西在致辞中盛赞了我的艺术成就，并肯定了我对艺术的长期投入和勤奋钻研。

开幕式后，我陪同黄锦西和华瀚书画会会长等人一同观展。我介绍了每件作品的创作过程。当看到一副甲骨文对联时，大家不识上面的字，我告诉他们，凡写甲骨文对联，一般释文都写在右边，这引起了黄锦西及随行人员的兴趣。

接着，我又向他们介绍了雨竹的画法：画雨竹需要先在宣纸上喷些水，在纸面将干未干前落笔，这样画出的竹子才会有朦胧的感觉。黄锦西听后深有感触，表示自己受益匪浅。

当观看山水画时，黄锦西问道：“山水画是先画远景还是近景？”我告诉他有两种画法：一种是比较工整、注重细节的方式；另一种则是泼墨写意，先从中间层次开始，因为第一层次的墨色要根据第二层次的来决定。我还向他介绍了我画山水的方法：从前面开始画。黄锦西认真地听了我的讲解，并赞美了我的作品，最后表示他衷心祝贺展览成功。

1988年　在新加坡个展上

1988年　与黄锦西(右2)在展览现场

在新加坡指画大师吴在炎家过生日

吴在炎先生是1911年出生于新加坡的国画大师，早年求学于上海，并成了潘天寿的弟子。在长期的钻研和自身天赋的基础上，吴在炎先生最终成为一位指画大师，享誉新加坡并拥有国际声望。他的画风儒雅脱俗，被称为“吴派”。通过三一指画会开班授徒，他传承了指墨画艺术，并使这种技艺得以在海外传播开来。

与新加坡指画大师吴在炎先生（左）合影

1979年，吴在炎先生受邀在日本电视台示范指画，被日本舆论界誉为“新加坡之国宝”。

1988年8月19日是我45岁生日。因为主办方为我预订机票，他们知道了我的生日，于是邀请我去吴在炎先生家中庆生。当我走进吴府大门时，大家都站在门口，唱起了生日快乐歌，使我非常震惊。吴在炎先生、吴太太及三一指画会的朋友告诉我，今天大家就是为了庆祝我的生日而相聚在一起，他们让我吹蜡烛、切蛋糕。吴太太亲自准备了一桌中式菜肴和西式点心。吴在炎先生还预祝我这次展览成功举办，并带领大家一起为我鼓掌祝贺。这是我永远难忘的生日晚会。在这个特殊的夜晚，我终于确信，自己在艺术道路上所付出的一切都是值得的。

在新加坡指画大师吴在炎家过生日

拜访新加坡书法泰斗潘受

1988年8月，我在新加坡成功举办了一次高规格的书画篆刻展，得到了新加坡最大书画团体华瀚书画会的鼎力相助，同时，在新加坡书画界颇具影响力的中华书画店对我的书画篆刻给予极高评价。在书画篆刻展举办期间，华瀚书画会会长庄耿文一直陪伴我，一次他对我说："你在新加坡期间应该去拜访一下星岛的书法泰斗潘受[1]先生。"

1988年8月　潘受（左）

于是，庄会长开车带我来到潘老家。见面后，潘先生问我是学什么的，我说："金甲文、颜真卿，近代的我喜欢何绍基[2]，临摹过他的多种碑帖。"潘老听后很高兴，他说自己主要学习何绍基的行楷和魏碑。还说张大千的老师清道人也是向何绍基学习的。大概是因为"师出同门"，我们有了一种相见恨晚之感。

1995年　潘受书法《狮邮票》

潘受先生说沙曼翁也来探望过他。我要告辞时，潘老提议一起合影留念，还对我说："过后我会去观赏你的书画展"。

1988年8月16日
庄耿文会长（右1）陪我拜访新加坡书法泰斗潘受先生（左2），
一起合影的还有画家黄永春（左1）

①潘受（1911—1999）

福建南安人，书法家、诗人。19岁时自闽移居新加坡。
初任报社编辑，1934年起执教于华侨中学后任道南学校校长。1953年参与筹办南洋大学，任南洋大学执行委员会委员。潘受精研书法，早年师法颜真卿、虞世南，后转习魏碑，其楷书、行书都有很深造诣，最后自成一家。他的书法散见于曲阜孔庙、西安碑林及武汉黄鹤楼等处。

②何绍基（1799—1873）

别号东洲居士，湖南人，晚清诗人、画家、书法家。道光十六年（1836）进士。何绍基书法早年秀润畅达，徘徊于颜真卿、李邕、王羲之和北朝碑刻之间，有一种清刚之气；中年渐趋老成，笔意纵逸超迈，时有颤笔，醇厚有味。

为"袖海楼"杨启霖鉴定书画

1988年8月，我在新加坡乌节坊展览中心举办书画篆刻展，《联合早报》刊登的展览广告上有这样一句话"钟天铎更擅长文物考证与鉴定"，这条信息被星岛中华画廊的施太太注意到了。

中华画廊在新加坡书画界和收藏界有相当大的知名度和权威性，施老板在中国收购了不少名画回新加坡销售，承诺顾客如有赝品马上退货。老公突然去世后，有三四位客户找上门来要求退货，施太太非常为难，当时，新加坡最有名的书画鉴定家陈之初已去世多年。施太太看到广告后就来找我，承诺我鉴定一幅作品费用为80美元。我在中华画廊仅用3分钟就鉴定完了4幅画，并且当场签好鉴定书。施太太非常感激，对我说："新加坡的书画家、收藏家我都熟悉，你想见谁我都可以引荐。"

果然，在施太太的引荐下，我认识了新加坡大收藏家杨启霖[①]。一天，杨先生邀我去他家鉴定书画，施太太对杨先生说："我的画廊前不久被退回了4件作品，经钟先生鉴定后，最后全部出手了，他的鉴定水平很高。"到了杨先生的"袖海楼"，我看到门前站着2位巴基斯坦守卫，惊了一下，此时秘书招手示意我进去。走进第二进的一间小屋，约30平方米，陈列的都是乾隆的官窑瓷器，我正驻足欣赏时，杨先生出来迎接我，握手后他就介绍这些瓷器，并请我上楼。楼上左边一间屋里，竟然陈列着泥塑《收租院》送审初样。第二间里都是大件藏品，再进入里间才是他的办公室。

1988年　在新加坡中国城朋友店里

在办公室落座后，杨先生说“今天请你来，我主要想解决一个问题，因为陈之初去世了，过去我的东西都是他鉴定的，今天我先拿出12幅他生前鉴定过的画，请你再鉴定一下。这些画的真假我心中都有数，先考考你的眼力。”他让女秘书将画轴打开，一头让我拉着，对我说：“你只要讲一个字，‘真’或‘假’就可以了。”于是我就开始了，第一幅、第二幅、直到看完12幅，他说通过了。

我看到他桌上有方大砚台，就对他说，这是乾隆年间的。杨先生很吃惊，“你都没有细看就判定了，你还懂砚台？”我说是的，杨先生说：“我有一方十三娘的砚台让你看看。”接下来开始正式鉴定，约定每件作品鉴定费为50美元，我一口气为他鉴定了20幅书画作品，出具了20张鉴定书。从此，我的书画鉴定名声在新加坡就传开了。

1988年　与收藏家杨启霖（中）等人合影

①杨启霖（1917—1998）

新加坡著名收藏家，“袖海楼”主人。“袖海楼”书画藏品，多巨幅连屏，数量庞大，范围甚广。自明清书画至近代各派，甚至当代青年画家，兼收并蓄，颇有海纳百川之势。

参加新加坡妙华书画会“中秋雅聚”

1990年10月，我第二次来到新加坡。正值中秋节，新加坡妙华书画会举办“中秋雅聚”，新加坡美术总会会长梁振康[①]先生特邀我参加。梁会长表示，创立妙华书画会旨在促进新加坡本地的水墨画和书法造诣的提升及与世界各国的艺术交流。当晚，三一指画会会长林秀鸾女士也来了，我带去了上等碧螺春，大家喝了都叫好。大家一边品茗，一边挥毫创作，我写了“花好月圆”四字书法。梁会长提议聘请我担任妙华书画会顾问，随即拿出表格请我填写，还颁发了聘书。我和新加坡的书友们一起度过了美好的中秋之夜。

2010年，梁会长来北京，相隔20年，我俩又在京城相逢，梁会长也两鬓灰白了。我在北京海鲜馆款待梁会长，酒逢知己千杯少。他说喜欢吃鱼，我说好，今天上两条，喜事逢双，年年有余，梁会长哈哈笑个不停。又是一个难忘的夜晚。

2010年　与梁会长在北京

1990年　新加坡妙华书画会“中秋雅聚”合影

1990年　新加坡妙华书画会交流现场，右2为梁振康

①梁振康

1951年生于新加坡，祖籍广东新会。字妙康，别号建行。现任新加坡美术总会会长。少年时追随岭东金石名家陈景昭学习书画，1974年毕业于新加坡南洋美术专科学校（现南洋艺术学院），1980年毕业于英国诺丁汉大学美术与设计系。先后执教于新加坡南洋艺术学院、新加坡拉萨新航艺术学院。其融合了西方艺术技巧和东亚儒家文明，创造出了独特的绘画风格，成为第三代南洋画坛的领军人物之一。

142 朱季海教我《文字蒙求》
144 于少平为我锯桌腿
146 潘天寿学生蒋风白
148 我为唐云治『八壶精舍』印
150 拜访吴敩木先生
152 与唐云一起鉴画
154 唐云送我《周虢叔旅钟》拓片
156 铭记唐云恩情
158 拜别恩师唐云
160 在北师大红楼拜访启功先生
162 拜访齐白石学生许麟庐
164 央视拍摄《姑苏城内墨耕人钟天铎》
166 为东山宾馆书写大草
168 结识山西书协主席李才旺

第六章

师事名家

1990—1998

朱季海教我《文字蒙求》

钟天铎为朱季海先生拍的照片

朱季海[①]先生是费新我和宋季丁介绍给我认识的。1980年初夏，宋季丁带我去怡园茶室见朱老，朱老见到我们，说："一起去更安静的地方交谈吧。"这时，费新我来了，他是请朱老对他的新作做点评价。费老走后，我就拿出一本北京大学编的《文字学形义篇》对朱老说："我们几个年轻书法爱好者想向您学习文字学。"朱老说："要讲完这本，至少需要两年。"我和宋季丁觉得时间太长，费用也不低，这次计划就暂停了。

朱老见我学习劲头大，就推荐我读《文字蒙求》，他对我提出了三点要求：要每周日上午八点半到拙政园茶室学习，我要先他到达；每次我都要泡好一杯茶，买好零食；每次学习，只能提二十个问题。

我从1980年8月开始至1982年春节，大约花了一年半时间跟着朱老学习《文字蒙求》。朱老家住观前街清洲观前1号，但他从不在家接待学生。日常他喜欢每天在网师园或双塔喝茶后，选择一家心仪的餐馆，点几个菜、一个汤。他喜好美食，包括甜食和零食。

有一次我在拙政园请教朱老，茶室里有人在问冰激凌几块钱一个，朱老听后对我说："这里还有冰激凌？"我说："是啊，你要吃吗？"朱老说："要啊！"我马上买了一个给他。

朱老没有固定职业，也无固定收入，但生活要求不低，品味很高。每次他来我家，我必先沏上一杯上等绿茶，和他天南海北聊上半小时，临走时我都会塞给他一百元。有一回，他坐在沙发上，状态很好，我特意为他拍了一张照片。

因求教于朱老，所以经济宽裕后，我每月都资助他四百元，一直持续了几年。1989年，我去新加坡前，他要我帮他买个小望远镜，方便他到博物馆细观古画。

1983年10月，朱老关照我替他做条新棉裤。当时做条棉裤谈何容易？首先要有布票、棉花票，还要去找裁缝，量尺寸。朱老把自己的裤长、腰围告诉我，我费了好大周折，终于请人替他做了一条新棉裤。

1990年的一个秋日，我在家陪唐云先生吃大闸蟹，吃着吃着，朱老来了。他进来看到我们在吃蟹，就径直走进我的书房，唐老吃好后也去了书房，二老未曾谋过面，互不相识，我急忙跟进去。唐老身材高大，见朱老背了只包，就问道："你包里放的什么书？"朱老从书包里拿出一本《石涛画语录》递了过去，唐老一看就说："这是一本假托石涛之名写的书啊！"朱老说："这本书对中国画的一些提法很有道理。"我惊奇地在一旁看着两位大师，他们既不自我介绍，也不询问对方大名，我一下子也不知该如何是好。朱老与唐老说了几句就转身走了，我急忙追出去，将"月谢"塞进朱老裤袋里，打了声招呼。后来朱老出版了《石涛画语录校注》，我才恍然大悟，原来当时朱老手中的书是他在研究校注啊。

2005年我从美国回苏，在顾亭酒家设宴答谢朱老。2011年，我在北京听到他去世的消息，眼前又浮现出二十多年前在茶室里朱老对我谆谆教诲的场景，感慨万千，难忘老师。

①朱季海（1916—2011）

苏州人，当代国学大师。幼承家学，熟习国故。方以弱冠，问学于余杭章太炎先生，参加国学讲习班。后侍章氏起居，有"千里驹"之誉。章氏逝世，整理先师遗著，教学于太炎文学院，并任《制言》半月刊主笔。1945年入南京国史馆，旋辞去。新中国成立后偶兼教职，1966年后，隐而不出。学术领域广泛，自音韵训诂之学而治文史，博通精微，著作丰富。有《楚辞解故》《庄子故言》《说苑校理》《新序校理》《南齐书校议》《石涛画谱校注》《初照楼文集》等。

于少平为我锯桌腿

1991年 《老松图》 钟天铎

于少平[1]擅长西画，亦擅长国画山水，偶尔也写书法。1986年，他的书法作品入选全国第二届中青年书法作品展。那时我正在日本交流，此事在苏州同行中反响很大。回国后，少平来我家说希望能与我多交流切磋书画艺术。当时，我正好接到一桩创作任务，要为苏州文物商店画一幅画，少平说：“那就来我工作室画吧。”

于是，我先去他工作室看了看，我说：“你的画桌高了一点。”少平说：“那么改天你再来画。”隔天我如约而至，铺开画纸，我才发现画桌比前天低了不少，再低头一看，四条桌腿被少平锯掉了。我说：“少平啊，你怎么能锯桌腿呢？以后你要趴着画了吗？”少平说：“没关系，我嫌低可以垫高的。”我们哈哈大笑。

少平的诚意和热情让我深受感动，于是我就在少平的画桌上创作了一件作品。少平则在一旁帮我拍照，他说也学到了许多用笔用墨的方法。

1987年　在于少平家画松

1987年　在于少平家泼墨

①于少平

1957年生，号白虚，山东省黄县人，著名画家。1979年就读于南京师范大学美术系中国画专业。从事现代艺术、油画、版画、中国画、书法创作。多次在国内外举办个人艺术作品展。

潘天寿学生蒋风白

1973年，我妻子为了谋生，开始为民间工艺厂画绢画。在那里，我结识了张继馨，并向他表达了我对书画和收藏的热爱。于是，张继馨热情地介绍我认识了蒋风白①先生。

1974年，我第一次去见蒋老，给他带去了几支民国时期的旧笔。蒋老看到这些笔，非常高兴。当时，他正在加工团扇，每把只收工价一毛钱。蒋老是著名画家潘天寿②的学生，他收藏有三四幅潘先生题款的画作。每次去拜访他，他都会请我喝一杯安徽好茶，并让我为他刻章。那时我常去他家，我的主要目的是去看他收藏的古代画作，特别是他收藏的一幅新罗山人的精品《鹅》。在这幅画中，水里的鹅脚画得栩栩如生。我曾经看过许多新罗山人的画作，但都比不上这幅构思巧妙。

蒋老也经常请我欣赏他自己的作品，他画的"水墨兰竹"特别有名。他说："兰竹是中国画的创作基础，老师潘天寿曾经教导我'学画要练基本功，练兰竹，就是基本功。''中国画的笔墨由此演化而来，一笔画万笔，千变万化，而归于一化。'"我们的忘年之交一直持续了25年，其间三天两头就天碰头，有段时间我忙就少去他家了，他反而勤跑我家了。

1990年　与蒋风白夫妇合影

①蒋风白（1915—2004）

蒋风白先生1931年考入国立杭州艺术专科学院（中国美术学院前身），1942年开始在国立四川艺专任教。1954年，他担任上海人民美术出版社国画编辑。1979年以后，他一直在苏州工艺美术职业技术学院任教。蒋老擅长写意花鸟画，尤其以“水墨兰竹”见长，享誉海内外。

②潘天寿（1897—1971）

浙江宁海冠庄村人。幼年自学书画篆刻。1920年毕业于浙江省立第一师范学校，并得经子渊、李叔同指导。历任中国美术家协会副主席、浙江省文联副主席、美协浙江分会主席、中央美术学院华东分院副院长等。

我为唐云治“八壶精舍”印

我与唐云先生的师生情缘持续了十年。唐老对我非常器重，几乎向我展示了他珍藏的所有历代名家书画，这些作品他通常不轻易对外展示。唐老也多次鼓励我在篆刻方面努力，并称赞我的篆刻跳出了当时常人的思维方式，从秦汉篆刻起步，自成一派。唐老收藏了超过一百把的紫砂壶，其中有十余把“曼生壶[1]”，其中最为精美的八把被命名为“八壶精舍”。我为唐老刻制了一枚“八壶精舍”印章。众所周知，唐老本人也是治印高手，他对选印要求十分严格，但他非常喜欢我刻的这枚印章，甚至在晚年的画作上经常使用，这是唐老对我的真挚赞赏。

每年我去唐老家，他都要留我住上几天。我们对收藏有着同样的浓厚兴趣，每次相聚都能聊上一整天。唐老从不指导我绘画技巧，而是向我展示他的无数藏品，让我自行选择喜欢的作品加以学习，而我所选的作品往往也是唐老所钟爱的。唐老强调，画家除了要读书、养气外，还应该向前辈学习，更要向大自然汲取灵感。他曾引用明末清初程正揆的名言“足迹尽天下名山，眼界尽古人神髓”鼓励我。唐老这种特殊的教学方法对我的绘画艺术产生了深远影响。

“八壶精舍”印　钟天铎

1991年8月28日　和沈鹰在南林宾馆拜会唐云先生，唐老用一把“曼生壶”招待

①曼生壶

清嘉庆二十一年（1816），“西泠八家”之一的清代书画家、篆刻家陈鸿寿在溧阳为官，他酷嗜砂器，结识了紫砂艺人杨彭年、杨凤年兄妹，亲手设计并指导杨氏兄妹制作了十八种经典紫砂壶款式，因陈鸿寿字曼生，故称“曼生十八式”或“曼生壶”。陈曼生把金石、书画、诗词与造壶工艺融为一体，相得益彰，创造了一种独特的壶艺风格，开创了文学、书画、篆刻与壶艺完美结合的先河，“曼生壶”在壶史上留下“壶随字贵，字依壶传”的经典名言。

拜访吴敎木先生

与吴敎木(中)、沈彬如聚会

1992年,我在苏州时,钟灵问我:“苏州山水画家中谁最出色?”我向他推荐了苏州工艺美术职业学校校长吴敎木先生。

一天下午,我和钟灵前往装驾桥巷残粒园①去拜访吴老。我们说明来意后,吴老说:“既然你们来了,我就打开宝库让你们饱饱眼福吧。”吴老介绍了他的家族收藏情况:他祖上就喜欢收藏,吴家三代人都是画家,他太太的嫁妆也是书画,因为他的岳父是大收藏家。他还介绍了父亲吴待秋在园内和吴昌硕切磋书画艺术的故事。

随后,吴老拿出了许多藏品,其中吴昌硕的一幅《紫藤》给我留下了深刻印象。我不断点头赞叹。

看完吴老的收藏之后,他又邀请我们上楼欣赏他的新作,这是一种新风格,用色上有创意,用笔比过去更简约干脆。吴老还出题考我,要求我从100多幅画中选出他最满意的一幅。我仔细翻看了20分钟,最后选定了一幅。吴老问我为什么选这一幅,我回答道:“你平时画石头是一块一块勾皴出来,现在你是先大片烘染,然后再一块一块勾皴出来。”吴老感到惊讶和高兴,并称赞我的眼力真老辣。

吴老比我年长22岁,我们算是忘年交。他在许多场合都赞扬过我,对我起到了极大的鼓励作用。

1992年3月19日　与吴敦木先生（右2）一起作画

①残粒园

由盐商姚氏始建于清代，1931年画家吴待秋购入，取“红豆啄残鹦鹉粒”诗意，命名为“残粒园”。后吴待秋之子吴敦木居住于此。

与唐云一起鉴画

1992年　从左往右：沈之丞、唐云、钟天铎

1992年夏日晚上，唐云从上海到苏州，打电话叫我去宾馆见他。我匆忙赶到南园宾馆香趣楼，在唐老的套房里见到了88岁的苏州画家沈之丞老先生。寒暄之后，南园宾馆总经理黄志豪前来拜访唐老，并告诉唐老，他最近得到了一幅黄胄①的画作。

我问黄总这幅画是谁送给他的，他说是十全街上的朋友送的。唐老和黄胄是好友，于是我请黄总将这件墨宝拿来给我们欣赏。黄总急忙取来画作，唐老看了半天，对黄总说："黄胄的画我很熟悉，这幅画看起来还不错。"接着，唐老转向我，问道："天铎，你觉得呢？"我看了一眼后大胆回答："这幅画是仿作。"唐老追问我是如何得出这个结论的，我解释说："首先，这幅画中人物的两只眼睛透视关系不正确；其次，人物的两片脸颊用色相似，而黄胄的作品通常会有浓淡之分；最后，下面狗的尾巴，黄胄通常使用大笔画，而这幅画中则是小笔画的。"听完我的解释，唐老非常认可我的意见，向黄总表示，他将写信给黄胄，让他为黄总画一幅画作。黄总对此表示感谢，并为我们三人拍了合影。

1990年　和父亲（左）、唐云（中）在家中庭院

①黄胄（1925—1997）

曾任中国人民革命军事博物馆创作员、中国画研究院副院长。黄胄擅长人物画与动物画，尤以画新疆人物和驴著称。黄胄非常喜欢画驴，这与他曾在农村养过毛驴，对驴的深入观察是分不开的。

唐云送我《周虢叔旅钟》拓片

有一次，我去上海，唐老留我在他家待一周。我对唐老说："我是您的学生，每次来您都让我看很多名人书画，我却从来还没看过您亲自作画呢。"唐老想了想说道："今天就画一张给你看看。"唐老的画桌上有一叠索画"订单"，唐老的润格费是每尺1万元，他从"订单"中抽出几张，根据客户要求，挥毫作画，我在一旁细心观摩老师的笔法和创作技巧。唐老画完后对我说，今天任务完成了。

唐老儿子最喜欢父亲的册页，他从父亲画作中挑选了10多幅放在桌上。唐老让我看看这些册页中哪几张画我最喜欢。我选了4张，说，就这4张最好。唐老说："那就送给你。"我说："这是你儿子挑选的，不合适吧。"唐老说："我的画我做主。"恩师待我竟胜过了亲儿子。

1991年8月28日　与唐云在南林饭店

1984年冬日，我在唐老家。正好上海博物馆发还一批拓本，我看到一张清代书法家张叔未[1]的《周虢叔旅钟》拓片。这张拓片上有清代金石家吴大澂的大篆题跋，左侧有杨岘的题跋及吴昌硕的二次题跋，右侧上部是张叔未的题记，这么多名人的题跋及文字，大大丰富了这张拓片的收藏价值。我年轻时就喜欢收集拓片，看到这张珍贵的拓本，不禁大呼："太好了！太好了！"唐老说："你喜欢的话就拿去。"我高兴极了，请唐老在拓片上也题了跋。我把这珍贵拓片带回家后，挂在书斋墙上，每天欣赏玩味。过了四五年，我忍痛割爱把拓本给了一个有恩于我的友人。十几年以后，这张珍贵拓片在北京拍卖会上拍得高价86万元。

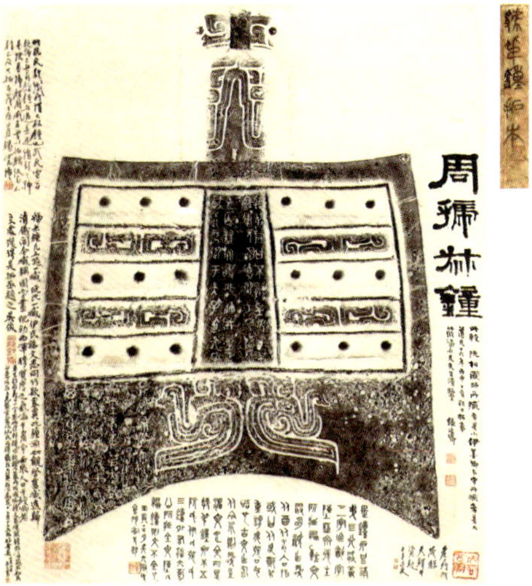

《周虢叔旅钟》拓片

①张廷济（1768—1848）

清代金石学家、书法家。号叔未，晚号眉寿老人。浙江嘉兴人。嘉庆三年（1798）解元，会试未中后居家从事学术研究和艺术创作。工诗词，精金石考据之学，尤擅长文物鉴赏，一碑一器都能辨其真伪，别其源流。道光十一年（1831），张廷济购入一件西周时期虢叔的旅钟。此钟原为清代藏书家孙星衍（1753—1818）旧藏。张廷济后制作虢叔旅钟拓本赠予杭州振绮堂汪远孙。

铭记唐云恩情

1985年，我与恩师唐云先生交往整整两个年头了，我的艺友室开张，恩师前来祝贺，送我一幅张大千仿八大山人画作，上面有吴湖帆、张辛稼、唐老的题跋。

1986年，我去唐老家，看到有人寄给唐老一箱茶壶，唐老说："这些壶是我与好友徐秀棠[①]合作做的，一共做了10把，我自己只留了一把，其他都送人了。你喜欢，我就把自己的这把送给你吧。"于是唐老让儿子把茶叶倒掉，将壶洗了一下，送给了我，当时拿到手，壶身还烫手呢！每每看到这把好壶，我都会想起与恩师交往的珍贵时刻。

唐云自娱壶

1990年，唐老来苏州，一见面就问我今年生意好不好。我说："先生应该关心我的艺术进步，怎么问起我的生意情况来？"唐老是个古道热肠之人，他接着对我说："你生意做不大，可能是因为本钱太少了。"他叫儿子拿了20万元现金给我，并对我说："你先拿去用。"我急忙对唐老说："我从不借钱做生意，我也不想发财，借了钱我会睡不着觉的。"

1993年7月，唐老为了古吴轩的动迁问题，来到苏州。他见到我就说："最近觉得身体不太好，胸口闷，我准备把家里的画分些给几个子女。有一幅张二水②的书法，我想考考你，为何后来的钱庄和大户都要买他的字画？"我说，过去人家房屋都是木结构，为了防火，家里都喜欢挂张二水的字或画，讨个口彩。唐老说："回答正确。那么这幅张二水的草书就送给你。今天没有带来，下次你来上海时自己确定真假后给你。"这幅字有人看到后想购买，我说什么也不愿脱手，因为这是恩师留给我的最后一件礼物。

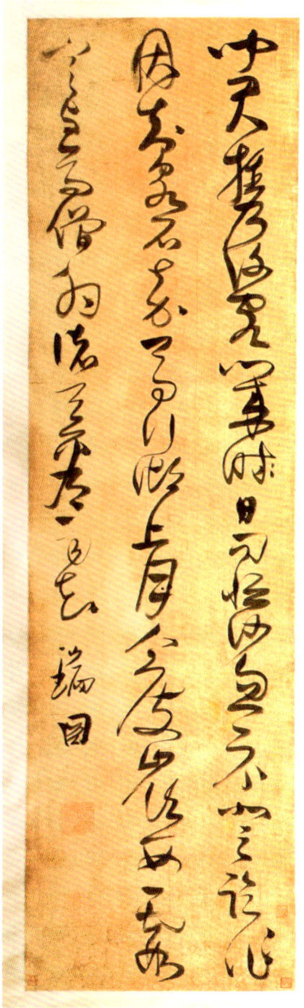

张二水草书

①徐秀棠

出生于宜兴蜀山紫砂陶艺世家，中国工艺美术大师，中国美术家协会陶艺委员会委员。代表作品有《坐八怪》《雪舟学画》等。

②张二水（1570—1644）

张瑞图，号二水，福建晋江人。万历三十五年（1607）进士第三名，授翰林院编修，后以礼部尚书入阁。明代四大书法家之一，与董其昌、邢侗、米万钟齐名。书法奇逸，峻峭劲利，笔势生动，奇姿横生。亦擅山水画，效法元代黄公望，苍劲有力，作品传世极少。

拜别恩师唐云

1993年　唐老家题签

恩师唐云酷爱八大山人与石涛的笔墨，其画室取名“大石斋”，就是从两位前贤名字中各取一字而来。八大山人原名朱耷[①]，为明朝宁王朱权后裔，传说他从未为清朝权贵画过一花一草，他在作品中常用“白眼向人状”手法表达自己对清廷的蔑视和痛恨。唐老18岁时见到八大山人的《香橼佛手》爱不释手，一再临摹，画风深受八大山人影响。唐老收藏丰富，其中八大山人、石涛、金农三家精品尤多。我曾请教唐老收藏这些人的书画标准，唐老说他认为在自己一生或一定阶段达不到的绘画水平的作品，他都要收藏学习。唐老每得佳迹，必展悬于大石斋，闲观静玩，而非夸扬珍异，故意炫耀自己的收藏。

有一次我在唐老家，他指着华新罗的《春雨牡丹图》说：“你看新罗的苔点点得多活，我的苔点正是学他的，可惜还没学到家。”外师造化，中得心源。唐老的收藏和他的艺术造诣相滋相生，成就了他的艺术创作。

1993年国庆期间，杨明义对我说：“我儿子想去看看唐云的八大册页。”于是我们三人一起去了唐老新家。到了他家门口，保姆先关了门，去通知唐老，我感到很奇怪，以前都是他大儿子引领客人上三楼，这次却变了。不多会儿，保姆出来了，说：“唐老在里边等你。”我直接往里走，在最里间见到唐老孤单一人坐着，他看到我才活跃起来。他叫我看看上海博物馆又发还给他的40多页扇片，件件精品。

我说：“今天苏州的杨明义和他儿子想要看看您的八大册页。”唐老说：“都在这只木箱底下。”要从箱子里取出这本册页，“工程”浩大，先要搬去上层的书信画稿，不能弄乱，我只能一叠一叠往下搬，最后打开画箱拿出册页。这本册页的封面和封底还是我从新加坡特地淘来的。册页最珍贵之处是最后一页上的落款：“八十老人”，这样的落款在八大画作中是绝无仅有的。唐老说朱耷享年80岁，这是他在生命的最后岁月里画的。我细看八大这些画作的笔触，有些微抖状，更百感交集。

唐老还记得答应送我的那幅张二水的草书。他请我首先鉴定真假，然后叫儿子盖上了他的金印。

老师竟然说由我定真假，这是我万万没有想到的，他对我如此信任，真让我难以言表激动心情。

临走时，唐老说想挽留我住几天，我说自己这几天很忙。万万没有料到，分别一周后，噩耗传来，唐老因心肌梗死医治无效，于10月7日在上海去世。这次的相会竟成了我与恩师的永别，失去恩师，我悲痛不已。

1991年8月28日

在苏州南林饭店，古吴轩张瑞林、钟天铎、何善云与唐云先生交谈

①朱耷（1626—1705）

明末清初画坛“四僧”之一。为明太祖第十七子宁献王朱权九世孙。祖父、父亲、叔父皆为画家，朱耷生在宗室家庭，从小受到父辈艺术陶冶，聪明好学，八岁便能作诗，十一岁能画青山绿水，小时能悬腕写米家小楷。约在三十九岁后至六十二岁定居南昌青云谱，成了道院开山祖师。他亦僧亦道的生活，是为了逃避清朝贵族对明朝宗室的政治迫害。朱耷六十岁时始用“八大山人”署名题诗作画，他在署款时，常把“八大山人”四字连缀起来，仿佛“哭之”“笑之”字样，以寄托他啼笑皆非的痛苦心情。

在北师大红楼拜访启功先生

北京师范大学红楼

1993年，我前往北京请启功[①]先生鉴定我经手的一幅无款画作，据称是明代画家沈周[②]作品。抵达北京后，我先请钟灵写了一封介绍信给启功先生，当时他已是81岁高龄。接着，我打车来到北京师范大学，的士把我送到红楼，走进红楼启功住所。见到启功先生后，我递上了黄天源的糕团，他十分高兴。启功先生问我这些糕团是不是宫里的，我回答说："这是苏州传统的糕团，给您尝尝。"

启功先生问我："你是不是画画的？"我回答道："我是唐云的学生。"并告诉他："1987年7月，我的日本好友佐藤明邀请我去东京举办书画展，在涉谷友人画廊同时展出了您的多幅画作。"启功先生说："佐藤明先生我认识，他常来我这里，他把东京画展的照片寄给过我，但我不知道那个人就是你啊。"

启功先生问我："你今天来所为何事？"我说："一位朋友买到了一幅明代沈周的画，想请您鉴定一下。"启功先生说："拿过来给我看看。"于是我打开了画轴，启功先生看了看画上的题跋，说："有明代人题跋，应该没有问题。"然后仔细查看，说："这是真的。"他告诉我："今天费用我不收取，但也不题款。"我深深道谢后就离开了。

2014年 《长青图》(局部) 钟天铎

①启功(1912—2005)

字元白，北京人，满族。姓爱新觉罗，雍正帝九世孙。中国书法家、画家、文物鉴赏家和鉴定家。长于古典文学、古文字学的研究，著有《古代字体论稿》《诗文声律论稿》《启功丛稿》《论书绝句百首》《启功书画留影集》等。

②沈周(1427—1509)

明代杰出画家。长洲(今苏州)人。性情敦厚、博学多才，长于文学，亦工诗画，善画山水、花卉、鸟兽、虫鱼，皆极神妙。与文徵明、唐寅、仇英并称“明四家”。

拜访齐白石学生许麟庐

1996年，我在北京钟灵家作画，他与我聊起了许麟庐①先生与大画家齐白石。钟灵告诉我，当年是许麟庐先生推荐他去拜齐白石为师的，所以他才有幸成为齐白石的关门弟子。

马天云、许麟庐和隋性初在苏州

我表示自己很想去拜见许大师，于是几天后，钟灵约我一同去许麟庐府上。我们到了门口，看到门外排着队，钟灵说："这些人都是去见许老的啊！我们先在外面等一下吧。"我很吃惊，没想到名人家门前会有如此情景。待人散了，我们才得以进入许府。

钟灵向许老介绍说我来自苏州。许老说："苏州我有许多老朋友，山东老乡隋性初书记、常熟的马天云局长。"我回答说："我们彼此都认识。"

许老画室里，到处都是古色古香的家具：黄花梨凳子、紫檀靠椅、皇室旧物，特别显眼的是墙上挂着的齐白石的画作。许老介绍说，这些画都是白石老人亲自将颜料磨成粉再着色的。1945年，李苦禅介绍他拜齐白石为师。多年来，他一直相伴齐白石左右，研墨理纸，耳濡目染。二人师生情极厚，三日不见即怅然若失。新中国成立后，他创办了和平画店，专门替齐老卖画和承接刻印业务。

许麟庐对我们说，白石老人对他的学生一直强调："学我者生，似我者亡""要学我的心，不要学我的手"。他还强调，"人品至上，人没有豪气，画也没有豪气"，并建议作画时要"寻门而入，破门而出"。钟灵说，许先生深得齐派艺术的真谛，创造了独特的画风，成为继承和发扬齐派艺术的得力弟子，多次受到白石老人的称赞。这次拜会让我也感受到了齐派的艺术熏陶。

许麟庐作画

①许麟庐（1916—2011）

山东烟台蓬莱人，国画家、书法家、书画鉴赏家。

自幼秉承家学，酷爱习书作画。笔墨丹青六十余载，博览研读历代名家作品，吸收石涛、朱耷、吴昌硕等诸家的笔墨技法，创造性吸收了传统艺术并将其融入绘画之中，形成了独特的艺术风格，作品在国内外享有盛誉。

央视拍摄《姑苏城内墨耕人钟天铎》

1996年，电子工业部副部长李瑞邀请我去北京，并安排我住在电子工业部留学生招待所。在京期间，我去拜访了老友钟灵和初中同学张国梁。张国梁是海政文工团舞蹈组组长，专职编舞。一天，他约我去中央电视台，我们在演播厅偶然遇到了著名歌唱家郭兰英，并与之交谈了几句。

张国梁早已了解我的书法艺术，他问我这几年是否有新闻媒体采访过我，我说还没有。这时，一位女士见到我俩，问道："他是谁？"张国梁说我是他老同学，是苏州知名书画家。女士继续问道："他书画水平如何？"国梁说："水平堪称一流，是中国书协会员，且多次赴日本、新加坡举办展览。"

这位女士告诉我，中央电视台有一档《书坛画苑》节目，她可以派人去苏州采访我。几个月后，一位央视年轻记者来到我家采访，整理好文稿后就通知南京电视台派人来苏拍摄。按照节目要求，须请两位资深同行对我的书画艺术进行讲评，我想到了曹大铁和沙曼翁。拍摄中，曹大铁对记者说："钟天铎这个人注重基础、弘扬传统，创作水平高超，阅读广泛，视野开阔，章法优美。"节目在1996年播出后，我成了苏州第一个上央视的书画艺术家。

墨耕人钟天铎

为东山宾馆书写大草

1998年，苏州画廊要为新落成的东山宾馆新馆共享空间的环形墙壁增添一幅书法作品。策划者特地选取了明代书画家徐祯卿①的一首《奉和文徵明游洞庭东山》的七律诗。画廊老板把这项任务交给我，要求我在两天内完成。

我先去看了场地，墙壁面积足有46平方米，恰巧我曾在四川小镇上购得产自1984年的丈二匹夹宣符合创作条件。

1998年　书46平方米大幅书法开笔照

书写时，我先在地上铺好旧报纸，然后将夹宣平铺其上，再用扎绳拉成打格线。我跪在软垫上准备挥毫。面对前所未有的挑战，我眼前浮现出万顷碧波的太湖，喷雪般的浪花撞击着心扉，迸发出的激情催生了强烈的创造欲。经过一番酝酿、谋划、布局，我手执特大斗笔开始书写。夹宣特别吃墨，写完一个字就得蘸墨。我行动不方便，蹲下、站起，再蹲下、再站起，56个字的七律诗足足写了3个多小时。我一气呵成写就了这幅巨草，写完后只觉精神愈发激奋，忘却了身体的疲劳，经受住了平生难忘的艺术洗礼。

苏州画廊支付我润笔费5万元，请专业裱工花了2万元。作品上墙后，宾馆领导提出将我的照片和简历也放上去，留作纪念。这幅巨草上墙后，得到了全国各地众多书画艺术家的赞美。

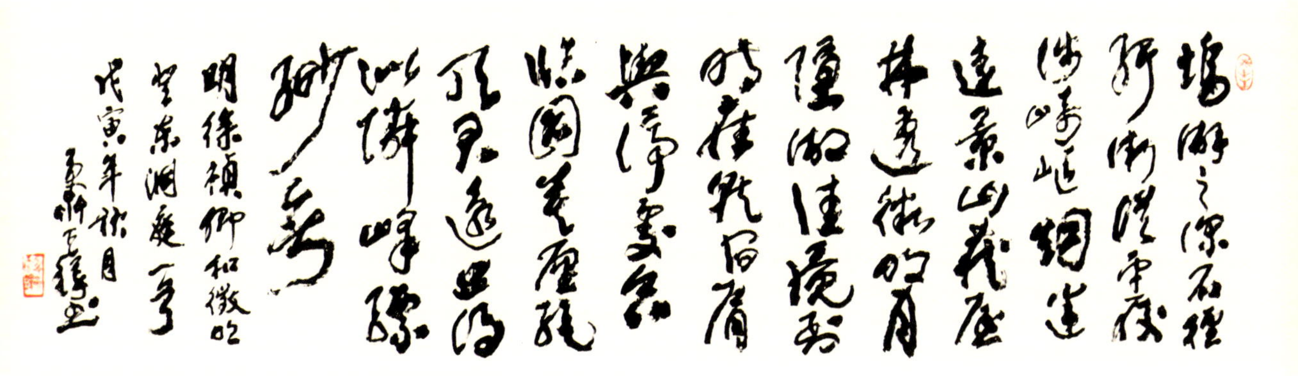

1998年　东山宾馆巨幅（46平方米）　钟天铎

2002年早春乍暖还寒之时，中国美术家协会在东山宾馆召开主席团会议。晚上，靳尚谊、刘勃舒、肖峰等10多位主席团成员被大厅环壁上的这件巨幅草书吸引，纷纷上前观赏并讨论。当时在场的媒体记者陈铭告诉我，大家议论道：“这么大的草书罕见。”“跌宕多姿，大开大合！”“蔚为壮观，气势不凡。”中国美术学院教授、院长肖峰问：“这是谁的书法？”中国画研究院院长刘勃舒说：“是苏州本地书法家。”当时在场的《中国书画报》记者听到大师们评价这么高，想来采访我，不巧我当时已经去美国了。

①徐祯卿（1479—1511）

明代文学家，与唐寅、祝允明、文徵明并称“吴中四才子”。徐祯卿尤擅诗，被称作继高启之后的“吴中诗人之冠”。《奉和徵明游洞庭东山诗七首（其三）》写于明孝宗弘治十六年（1503）。当时文徵明因事途经太湖，在洞庭东山逗留五天，游历了四处古迹，写成纪游诗七首。好友徐祯卿不久后也去了洞庭西山，读了文徵明的七首纪游诗后，写下和作。是为一段唱和传话。

结识山西书协主席李才旺

1998年，我为东山宾馆新馆大厅创作了一幅46平方米的草书作品，获得了各方面的赞扬。有一天，宾馆总经理告诉我，有两位客人要见我，一位是上海文联的，一位是山西省政府的，让我决定去见哪位。由于我都不认识，所以我让总经理来决定。最终总经理引荐了山西省政府的客人。见面后，我方知对方是山西省书协主席李才旺[①]。

见面后，李主席对我说："看了你的书法，我很震撼，我们交流一下如何？"

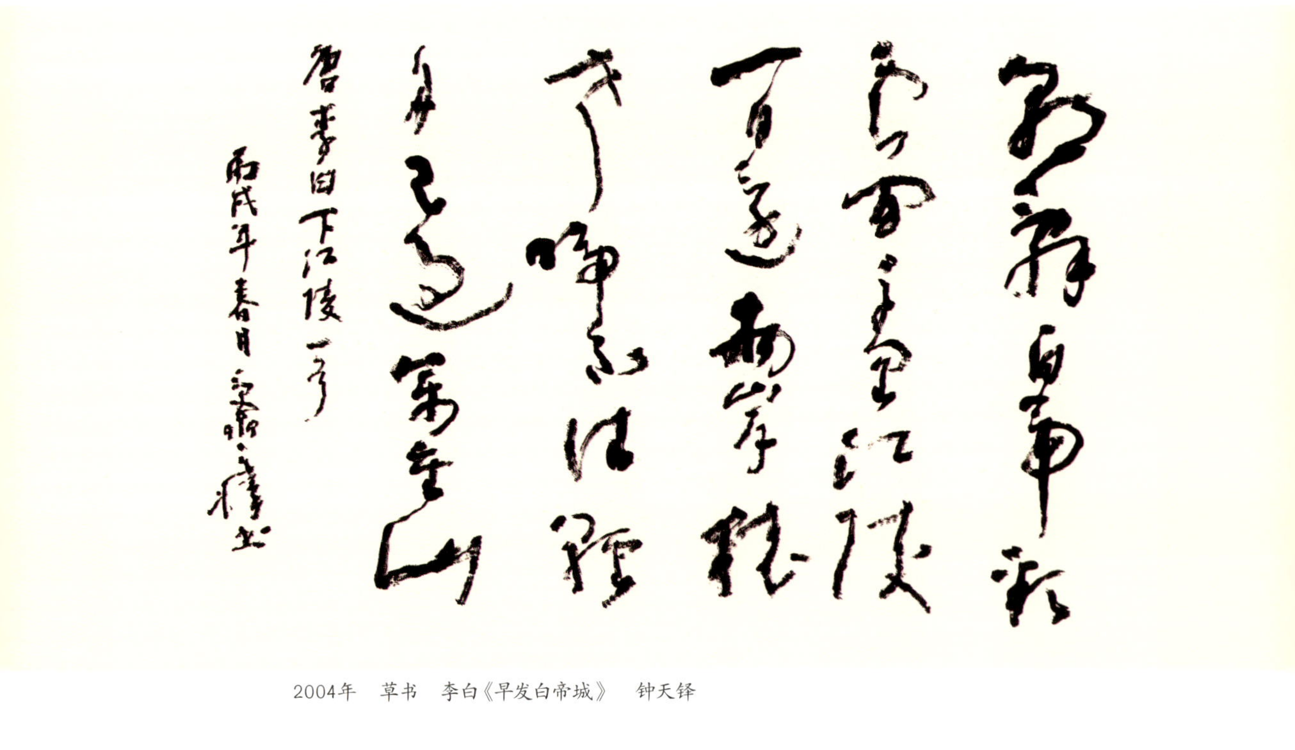

2004年　草书　李白《早发白帝城》　钟天铎

于是我们两人相互交换了一幅书法作品，并聊起了书法艺术。李主席一面赞赏我的书法，一面客气地提出要拜我为师。我觉得我们年龄相仿，以此为由婉拒了他的请求。

随后，我们用心探讨了书法艺术的各种见解，分享了自己的艺术历程。握手告别时，李主席表示有机会想邀请我去山西交流书法艺术。

1998年　在东山宾馆与李才旺交流书法

①李才旺

1943年出生于山西省壶关县，山西大学历史系毕业。现任山西省政协常委、文史委员会副主任，山西省文联主席、书法家协会主席。系中国文联委员、中国作家协会会员、中国书法家协会会员、中国美术家协会会员。

172 初到美国，三迁居所
174 在纽约巧遇王己千
176 王己千为我鉴定宋克墨迹
178 参加中西艺术家长岛联展
180 创办纽约文物艺术品收藏协会
182 『失而复得』徐青藤名联
184 在纽约时的日课——临摹《礼器碑》

第七章

游艺美国

1999—2004

初到美国，三迁居所

那是1999年8月19日，正好是我59岁生日。我首次赴美坐的是东航，经过洛杉矶后飞往目的地纽约。在东航上吃的是牛肉面，转机后，美国飞机上供应的是空心面。平时我从不过生日，但这次在飞机上“过了两次生日”。我是以艺术人才签证赴美的，两周后拿到了绿卡，我发现卡上显示到达美国的日期正是我的生日——8月19日。真是机缘巧合。

在美国第一晚，我借宿在老友杨明义家。第二天，杨明义带我去预定好的房东家看房。房东看到我坐轮椅，担心安全问题，当场毁约，不愿租给我。杨明义又带我去了第二家，这家房东是纽约警察局局长莫虎的姐姐，她租给我的是刚刚装修好的地下室。我看房屋很干净，就同意暂时入住。莫虎局长还亲自为我安装了空气除湿器。住了一个月，我发现地下室空气不好，导致我呼吸不畅，就想着要搬家。

一天，我的妻子在路上偶遇原苏州文物商店的老友王敏。他很惊讶地问起我，妻子说我在家里。于是王敏随我妻子来到我的临时居所。看到现状后，他提议让我搬到他刚装修好的房子里去。于是，我就随王敏去看房。看后觉得环境不错，租金也合理，就决定搬家。我在法拉盛这个新房里住了两年。

2001年的一天，一位台湾画友要来看我，到了约定时间却迟迟不见他来。通电话后，我才知道这位画友觉得我的居所附近不安全，我这才意识到在美国居住区有明显的等级之分。于是，我决定再次搬家。

2001年5月10日　与妻子在纽约法拉盛家中（沈鹰摄）

第三次搬家，我认识了原法拉盛商会金会长的同学，一位台大毕业生，她曾经开过房地产公司，退休后做起经纪人。她领着我去看房，看到第三套，我觉得阳光好，就决定购买。买之前，小区房屋管理委员会对我进行了面试。通过后，我就买下了这套有着80年历史的老房子。三次迁居后，我总算在纽约有了一处安居之所。

在纽约巧遇王己千

1999年10月12日，上海书画家在法拉盛举办画展，我被邀请参加开幕式。在休息大厅里，我意外遇到了苏州老乡、书法家、大收藏家王己千[①]先生，他是剪彩仪式嘉宾。

1961年 《出生地九如巷》 水彩 钟天铎

我向王老介绍道，从小我在苏州九如巷长大，小时候经常看到他坐黄包车来九如巷。我说：“那时候坐黄包车的都是有钱人家，我问过外婆，坐黄包车的是谁？外婆说是王家的。所以我对您的印象特别深刻。”王老先生回忆道：“那时姑母家住在这条路上，所以我经常去玩。”

我们随后聊起了苏州书画界的事情。我告诉王老先生：“杨明义是我的老朋友，我们同岁。”王老先生说1988年杨明义初到美国时曾经寄住在他家里。然后，王老先生问我从事何种工作。我说我是搞书画篆刻的，同时也喜欢小规模收藏文玩字画。王老先生表示：“蛮好！蛮好！”

1999年　初次拜见王己千先生

①王己千（1907—2003）

著名画家、古书画鉴定家、大收藏家。“己千”取自《礼记·中庸》“人一能之，己十之；人十能之，己千之。果能此道矣，虽愚，必明；虽柔，必强。”1940年，王己千与人编著《明清画家印鉴》对让西方人了解中国艺术做出了巨大贡献。收藏大量国宝级中国字画孤品，著作有《王己千书画》《王己千山水画册》及《胸中丘壑》等。

王己千为我鉴定宋克墨迹

2000年，我来纽约的第二年，杨明义告诉我王己千拍到了一幅北宋画家郭熙的立轴，成交价为1800万美元。他请我刻方“河阳宝舍”印章，并邀我一同去王府送印。

王府进门桌子上放置着一对唐朝陶器彩俑，右侧墙上挂着一幅石涛画作，门后还有一幅石涛的墨竹图。客厅墙上是董源的《溪岸图》复制品，王老介绍说，这幅原作上面有董源的官职，很罕见，他花了2万美金专门送到日本去装裱的。

这次去拜访王老，我带了一本宋克[1]《送陆治中之杭州序》真迹。说起这本真迹，还有一段故事。初中毕业时，我迷上了碑帖和拓本，第一次与这本真迹相遇是在观前街艺石斋，但我没买下。10年后，我在费新我家里再次见到了这本真迹。费老说这本帖子中有一个字写得特别流畅。过了20年，苏州文物商店的朋友来我家，又拿出这本真迹放在我桌上，我很惊讶，这本真迹已经三次和我相遇了。朋友问我要不要，我看了看说品相差，请教价格。他说5万，我说能否便宜些？他说：“你诚心买，那就3万。”最终这本真迹以3万元成交。

2000年　与王己千（左）交流收藏趣事

这本宋克墨迹本，虽然我认为肯定是真迹，但要得到圈内人认可，必须请一位公认的权威来鉴定。

我拿出这本宋克墨迹本请王老鉴定。王老说：“我本来要谢谢你的刻印，这样，我帮你题一下如何？”王老拿起毛笔在扉页上写下了“神来之笔”四个大字。落款“宋克真迹，神品，王己千题，时年九十五”。

当时正好杨明义儿子也在，他搬出王老的十几方收藏印，我选了其中的四方印盖在墨迹本上。后来这本宋克墨迹本在北京拍卖会上被香港近墨堂书法研究基金会拍得。2021年5月18日，这本宋克《送陆治中之杭州序》真迹在浙江大学艺术与考古博物馆展出，我为这本宋克墨迹有了最好的归宿感到非常欣慰。

2000年　与王己千（右）在书斋

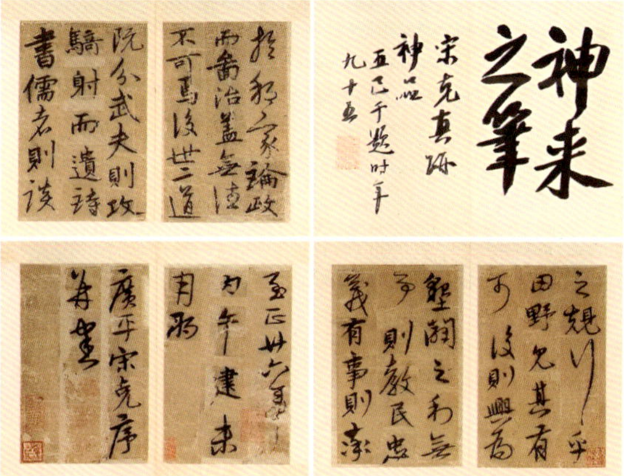

宋克《送陆治中之杭州序》墨迹及王己千题签

①宋克（1327—1387）
长洲（今苏州）人。明初书法与宋璲、宋广合称“三宋”。宋克一生仕途不得志，直至晚年洪武初始得一凤翔府同知小官，不久便辞官还乡，与当时名人杨维桢、倪瓒等交往，以诗画相酬答。诗文亦名于时，与吴门文士高启、张羽、徐贲、陈则等为友，时称“十才子”。

参加中西艺术家长岛联展

2005年10月28日，美国东西方艺术研究院举办中西艺术家联展展出了26位不同风格艺术家的60多幅作品，我参加了这次联展。开幕式当天，中国驻纽约总领事馆文化领事官明先生特地前来祝贺。这次展览让我结识了美国东西方艺术研究院院长朱伟[1]先生。

2005年10月　与朱伟院长合影

朱伟院长说举办联展的最大目的是想为艺术家们搭建一个相互交流、学习的平台，使东西方艺术家、学者彼此之间能够更多了解、相互沟通、相互合作、促进发展。同时，希望通过展示艺术家的作品，让更多人了解艺术家的创作状况及学者的研究成果，从而共同推动东西方艺术的发展。

2007年我客居北京，得知朱伟在十三陵水库附近购置了大片土地和建筑，营造他的艺术庄园。我前往参观，对他的大手笔感到惊叹。他还请我为他鉴定瓷器，送了我许多自产的葡萄。2014年，我在中国美术馆举办个展，朱伟特地前来祝贺。

①朱伟

1958年生，长春人。1983年毕业于哈尔滨师范大学美术系。1984年加入中国美术家协会，1991年完成了中央美术学院油画创作研修班的学习，获优秀毕业创作奖。1997年移居美国，成为一位国际当代艺术家。

《野村晚景》　钟天铎

《秋风图》　钟天铎

2005年10月29日　纽约长岛参展艺术家合影

创办纽约文物艺术品收藏协会

1999年8月，我和妻子移居美国后，通过朋友介绍，买了一些基金和股票，每天都能获得两三百美元的收益，生活过得无忧无虑。但是，2001年“911事件”后，我们的生活被迫发生改变。妻子通过培训找到了一份工作，而我则在家做饭烧菜等待她回家。我不会驾车，也就不能外出交际。在朋友引荐下，我加入了美国纽约华人艺术家协会。他们告诉我，协会里的管理职位已经满员了，只能给我一个理事职位。实际上，我并不在意名分，主要是希望自己能够通过协会在纽约逐渐扩大人脉关系，让更多人认可我的书画篆刻艺术。

在美国，中国书画篆刻艺术的受众面十分有限。回顾这些年，我家的经济来源并非靠卖字画，而是通过收藏买卖古董。鉴定书画和古董是我的强项，妻子鼓励我发挥自己的长处。

与纽约文物艺术品收藏协会金城市会长（左）合影

2005年3月，法拉盛商会的金会长退休了，他想跟我学画画。我知道他在纽约有广泛的人脉，于是就与他商量，能否成立一个文物艺术品收藏协会。他听了我的想法后表示同意。金会长马上联系了各报记者，登广告，发消息，为协会成立宣传造势。很快，一批志同道合的华人朋友聚集在一起。

American Eastern Culture Foundation
Museum NECCA
Director's Recognition of Gratitude
To
鐘天鐸
美国东方文化基金会 Museum NECCA 博物馆 中国艺术品收藏 顾问 (2005-2010)
Henry Riseman, Director of Museum NECCA. AECF
Xue Jian Xin, Curator of Chinese Art of Museum NECCA. AECF
April 8, 2005 (任命)

美国东方文化基金会中国艺术品收藏顾问任聘证书

2005年4月16日，文物艺术品收藏协会在法拉盛凤仪轩文物商店召开了成立大会。著名画家胡念祖、名画经纪人何福祥等数十位收藏界、书画界人士出席了大会。大会选出了会长、总监和秘书长各一位，我担任协会总监。金会长表示协会将秉持“公平、诚实、互利互惠”的宗旨，在书画、瓷器、玉器、青铜器、竹木器等文物鉴定、识别、鉴赏等方面进行交流，不定期举办拍卖会，欢迎纽约的相关爱好者参加协会。

成立协会后，我认识了王己千之前的一位经纪人。这位广东老板在纽约古玩市场有店铺，过去一直替王老送货。我告诉他，如果看到好东西，可以拿到我这里来。没过几天，这位老板就送来了两张黄宾虹[①]的画，一张一千美元，一张一千二百美元，我当场就都买下了。

后来我回到北京，这两幅画在北京成功拍卖，并促成了我在中国美术馆举办个人书画展的梦想。当然还有其他意外收获，不胜枚举。回想在纽约的时光，我收获最大的就是开展古董字画的交易。

2005年4月　在纽约文物艺术品收藏协会成立大会上发言

①黄宾虹（1865—1955）

祖籍安徽歙县。原名懋质，中年更字宾虹，晚年署虹叟。历任新华艺术专科学校、北平艺术专科学校、中央美术学院华东分院教授，全国政协委员。学养渊博，著述宏富，诗书画印及鉴赏皆精，为中国近现代艺术史上的一代巨匠。

“失而复得”徐青藤名联

2000年 在美国

2005年4月2日，房东买了一辆越野车邀我兜风。我赋闲在家，自从纽约文物艺术品收藏协会成立后就开始关注纽约的古董市场，从华文报上广告得知，纽约第五大道上有古董市场。我就问房东：“那里你认识吗？”房东说：“当然认识。”我又问：“请你开车去纽约多少钱？”房东说给一张停车罚单100美元就行了。我说：“好，明天你开车带我去看看。”

第二天，房东带我到了古董市场。但是，逛了后我发现地摊上售卖的全是垃圾，令我有些失望。这时，房东提醒我上面还有一层楼，我便赶忙上去看看。

在一家店里，我遇到了一位来自上海的潘老板。他看出我是苏州人，便与我聊了起来。潘老板在改革开放后来美国，一开始无所事事，于是做起了古董生意。我告诉他，如果觅到古代字画，可以拿到我这里来鉴定。潘老板常去拍卖行，称以后见到好东西会通知我。

我又进了一家店，老板是个香港人，专做出土文物。因为国内规定地下文物都属于国家，所以我从来不碰这些东西。我告诉他我收藏世传文房书画，他便报了一些名字，问我是否有兴趣。我要求他拿出名头大一点的作者的作品，香港老板说：“你下周再来，我准备好。”

一周后，我如约去他的店铺，香港老板拿出了一副徐青藤的对联①。不过他不肯开价。我很失望，因为青藤的对联在北京拍价到过8万元。我试图让老板说个价，但被拒绝。最后，我问5千美元行否。他说还要高许多，我就不接话了。他说：“我们互留电话，今后再联系。”

没过多久，香港老板忽然给我的房东打电话，说他的店铺要搬到中华街去了。这时我儿子也打来电话说，青藤对联在北京现在拍到40多万元了。

我去中华街找香港老板，但无论如何也找不到他，好像鹞子断了线。正在烦恼时，曾经和我做过古董生意的广东老板给我打来电话，问我是否喜欢青藤对联。我说拿来看看，心里暗想：“难道就是那副对联吗？”广东老板打开布包，我一看外表，确认就是那副对联。广东老板要价4000美元，我说：“加你500美元车马费。”那天我非常高兴，因为青藤对联“失而复得”，被我收入囊中。

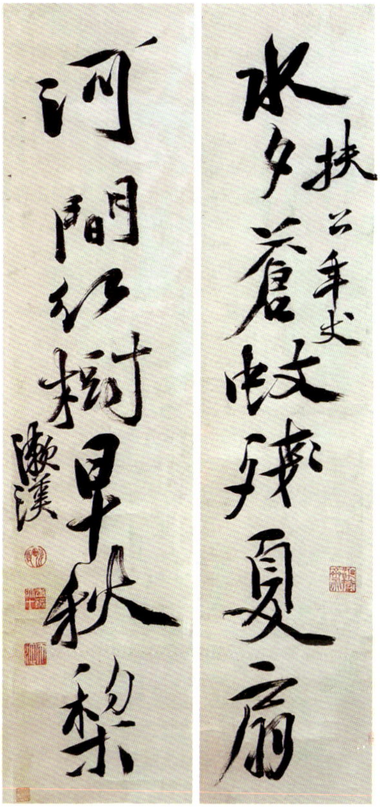

徐青藤对联

水夕苍蚊残夏扇，
河间红树早秋梨。

回国后，学生送来一本《古今百家名联墨迹》，书中选登了这副对联。我仔细看后发现书中这副与我收藏的有些不同，上款被改成“某某先生”，署款改成“青藤道人”。再仔细看书上对联上的字， 我发现一些枯笔处被墨填没了，但上面四方青藤印章没有问题，藏章为台湾一将军之收藏章，此人的藏品在香港开过展览，是位有一定知名度的收藏家。

①该联为明代中叶大书画家徐渭的书法精品对联，上下句互为对仗，“水夕”对“河间”，“苍蚊”对“红树”，“残夏扇”对“早秋梨”，一气而成。从词的结构看，“苍蚊”对“红树”，是色彩对色彩，物象对物象，“残夏扇”对“早秋梨”，是时间对时间，物象对物象，可谓工稳贴切。全联在直指时间的同时，能从色彩、物象等处来捕捉特征，从而极为形象地刻画了残夏苍蚊扰人，暑气未消，早秋红树献媚、梨已尝新的生动景象。

在纽约时的日课——临摹《礼器碑》

2005年　日课临帖

1999年8月19日，我凭借美国艺术人才签证来到美国。到达纽约后，我开始思考如何适应这里的生活。经过三次搬家，我终于在2001年稳定下来。我妻子非常聪明，通过培训获得护理工作资格，并且找到了一份不错的工作。

2001年5月10日，老友沈鹰来纽约旅行，特地到法拉盛看望我。他带着摄像机，为我和妻子拍了一段珍贵视频。白天妻子不在家，而我又不方便出门，感到十分无聊。于是我就利用这段时间在家里练习书法，当作一种修行。由于墨汁久放总会有一点气味，邻居敏锐地觉察到了，于是就来敲我的门。我知道他担心我是隔壁的孤老太，于是笑着告诉他，这是我的墨汁气味。他才放心离开。

在纽约的几年里，我一直将书法视为修行的一种方式，每天都坐在桌前练习。我临摹了《甲骨文》长卷和《礼器碑[①]》，并写了《孟浩然〈夏日南亭怀辛大〉》草书。经过不断努力，我的书法水平得到了很大提高。

2013年新春佳节，《艺镜》主编谢权熠和《中国画品》主编刘洪郡来我家做客。畅谈时，我拿出当年在纽约时的练习长卷，并和林散之临的《礼器碑》进行了对比。两位主编认为，林老的作品平整而我则写得奇曲，但不失庄重。他们非常欣赏我的临摹作品，后将这件作品交由中国美术学院出版社出版。谢权熠在后记中表述了他的见解，写得非常透彻，所以我说："知我者，谢权熠！"

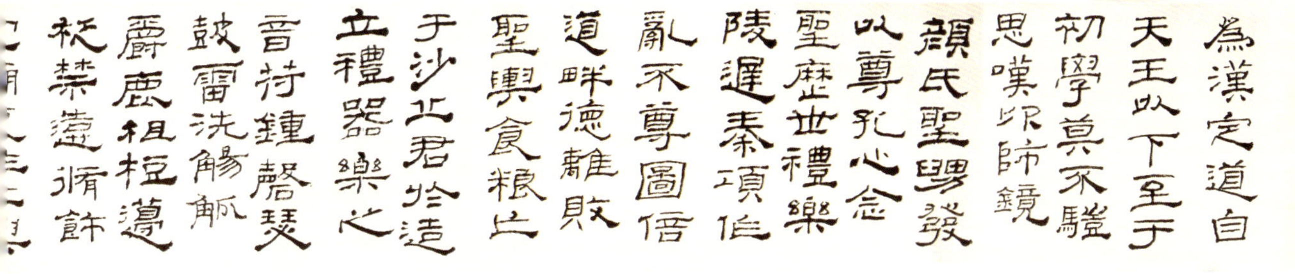

《礼器碑》（局部）钟天铎

钟天铎临《礼器碑》封面

2001年5月　沈鹰在法拉盛钟天铎家中

①《礼器碑》

全称《汉鲁相韩敕造孔庙礼器碑》，明代书法家郭宗昌评云：“汉隶当以《孔庙礼器碑》为第一。”清代书法家王澍《虚舟题跋》评云：“隶法以汉为极，每碑各出一奇，莫有同者，而此碑尤为奇绝，瘦劲如铁，变化若龙，一字一奇，不可端倪。”“唯《韩敕》无美不备，以为清超却又遒劲。以为遒劲却又肃括。自有分隶来，莫有妙超如此碑者。”

188 《钟天铎书画作品集》出版
190 受聘为《中国美术大事记》副主编
192 与郭庶英交流书法
194 参加『中国当代文人书画名家作品邀请展』
196 受聘为张伯驹、潘素故居纪念馆顾问
198 山西大同徐悲鸿真迹作品展
200 到山西忻州交流书画艺术
202 怀念老友黎明中
204 参观南昌八大山人纪念馆
206 在京艺术事业渐上高峰
208 钟天铎书画展在中国美术馆开幕
210 钟天铎书画展学术研讨会
212 在故宫参加纪念沙曼翁百年诞辰活动

第八章

北京圆梦

2005—2016

《钟天铎书画作品集》出版

2005年，我从美国回到苏州，开始收拾书房，清理不再需要的物品。考虑到自己已年过六十，应该对艺术生涯做一个总结了，我决定出版《钟天铎书画作品集》和《受斋印谱》。

在编辑作品集时，我想：请谁来写序言呢？唐老儿子逸览推荐了上海大学美术学院教授徐建融[①]。徐教授看了我的作品后马上寄来了他写的“序言”。他写道：“书画兼工，是中国书画史的一个传统，书则篆、隶、楷、行、草，无所不精；画则山水、花鸟、人物，无所不能，在整个书画史上也不多见。钟天铎君有书画兼工之名，篆、隶、楷、行、草无所不精，于山水、花鸟、人物无所不能。这样的人才出在古代，称得上十分稀罕，出在现代，更可以说是一个奇迹。”

对于徐教授这番溢美之辞，我深感荣幸，也感到有些惭愧。徐教授在解释

2005年　在玉兰新村家中

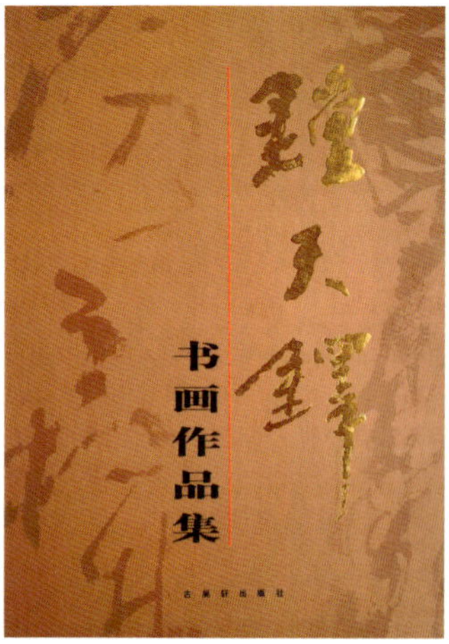

《钟天铎书画作品集》封面

我的号“受斋”时写道：“钟天铎的号为‘受斋’。这个‘受’字可以说是他一生心境的写照，包含了四重意义：第一层意思是‘接受’。几十年来，钟先生在成长、成才的过程中得到了许多朋友、师长的帮助和提携，因此他永远怀着感恩之心。第二层意思是‘遭受’。虽然童年时患有足疾，但钟先生始终乐观向上，并且绝不抱怨命运。第三层意思是‘忍受’。足疾给钟先生的学习、生活和工作带来了很多限制，但他更加坚定了坚韧不拔、自强不息的精神。第四层意思是‘适合’。由于腿脚不便，钟先生选择书画艺术作为他人生的寄托，这可以说是天作之合。”

几十年来，我一直沉浸在“受斋”之中，徐教授是少数能够读懂我内心的知音之一。

2005年　与徐建融教授在受斋合影

①徐建融

1949年生，上海人。师承谢稚柳、陈佩秋先生，工诗文，擅画山水、花鸟，长期从事美术史论研究、书画鉴定和美术教育工作。为国家重点科研项目《中国美术史》十二卷编委及宋代上下卷主编、清代上下卷副主编。著有《中国绘画》《书画鉴定与艺术市场》《徐建融山水花卉扇册》《徐建融山水花鸟图册》等30余部。

受聘为《中国美术大事记》副主编

2005年，从美国回苏后，我决定去北京发展。当时我的学生凌君武亲自驾车送我赴京。到达北京后，我在朝阳区买了房子，有了安身之所。每天在阳光满屋的书房里，或写书法，或作画，“谈笑有知己，往来无白丁”。

2005年　北京钟天铎家

凌君武知道我在北京人地生疏，就向我介绍了他在文化部艺术服务中心①的朋友，在凌君武的引荐下，我认识了美术部的蒋岩主任。

我想向蒋主任介绍一下自己，没想到蒋主任说：“您是苏州有名的书画家，我早有耳闻，不用介绍。”自从认识了蒋主任，我觉得自己在北京好像有了依靠，遇到问题就会去服务中心。蒋主任非常热心，总是为我排忧解难，还多次款待我，让我感激不尽。

2010年1月，我被文化部艺术服务中心特聘为《中国美术大事记》副主编。同年8月，又被聘为《中国美术大事记》三年顾问。

2012年6月，《中国美术大事记》编辑部为我出版了《钟天铎艺术创作状态》画册，分为艺术评论、书画作品、艺术年表三部分。上海大学美术学院徐建融教授为画册作序，《艺镜》主编谢权熠撰写的书画印评论也收入其中。作为一位艺术家，我能够得到这些殊荣，深感欣慰。

《中国美术大事记》特约副主编聘书

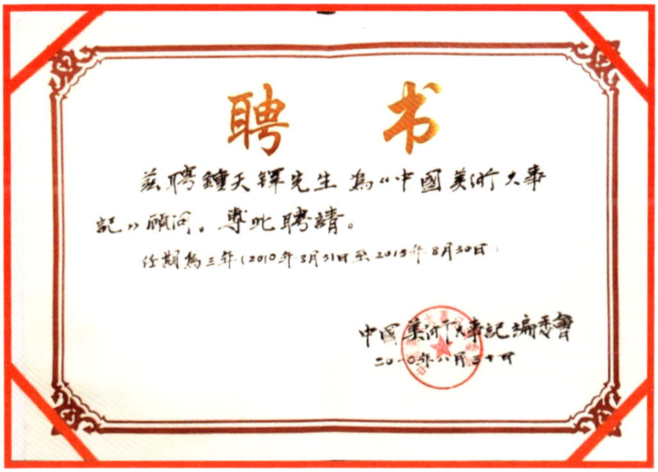

《中国美术大事记》顾问聘书

---

(1)文化部艺术服务中心
文化部艺术服务中心是文化部直属单位，具有独立法人资格。它主要承担各类文艺演出、影视作品拍摄、各类艺术展览、国内外艺术家创作及学术研讨、文化艺术专业资格考核、各类艺术比赛和艺术奖项评选等工作。

与郭庶英交流书法

我的好友郑德成在北京原国防部旧址开了一家“大红袍会所”，经常邀请文人雅士品茗聚会。

2011年9月11日，我受邀到他的会所，当天爱好书画的郭庶英[①]女士也在场，她是郭沫若的女儿。初次见面，一阵寒暄后，她自我介绍说：“我是郭老的女儿，今年70岁了，喜欢书法，出版了一本书法集，请多指教。”我看了她的书法作品集，觉得她的字深受其父亲的影响。于是我直率地告诉她：“你的字还没有跳出父亲的窠臼。”她认同了我的观点，并问我能否画一张竹子给她看看。我便当场画了一幅《竹石图》，她非常高兴。之后我们两人拍了一张合影留念。

2011年9月11日　与郭庶英合影

1986年 《竹石图》 钟天铎

①郭庶英

郭沫若与于立群女士所生二女儿。

郭庶英与父亲一起生活了38年，与父亲感情十分深厚。尤其对父亲晚年了解最多，出版有《我的父亲郭沫若》。郭庶英的行草飘逸隽秀，隶书端庄舒展，篆书瘦劲工整，别有一番笔墨情趣。

参加“中国当代文人书画名家作品邀请展”

2011年4月，“董其昌学术研讨会”在北京召开，近二十位国内著名画家和艺术家莅临现场。7月，中央电视台《中国当代画家》编委会在中国国家画院举办了“以画为寄——中国当代文人书画名家作品邀请展”，作为本次研讨会的后续展览。著名画家李可染的夫人和儿子李庚教授出席了剪彩仪式。

这次画展旨在对当代文人精神进行一次回顾与检阅。“以画为寄”是由明代书画大家董其昌[①]所倡发，亦是晚明“文人画”的审美特征。画展参展艺术家名单把我的名字放在了第一个，我对此感到十分意外，也感到无比荣幸。

2011年　李可染夫人（左一）、李庚（右二）正在剪彩

与参展艺术家合影

1986年　《潇湘夜雨》　钟天铎

①董其昌(1555—1636)

松江华亭(上海)人。万历十七年(1589)进士，授翰林院编修。明晚期书画大家。擅山水画，师法董源、黄公望、倪瓒，笔致清秀中和，恬静疏旷；用墨明洁隽朗，温敦淡荡；青绿设色，古朴典雅。以佛家禅宗喻画，倡“南北宗”论，为“华亭画派”杰出代表。董其昌等人将宋以来的文人画理论进行全面总结和升华，使晚明成为中国文人画的重要转折点。这一时期，文人画抒情写意，将传统的“外师造化，中得心源”转为“以画为寄”“以画为乐”。中国画发展到文人画一脉，尤重画外功夫，所谓“逸笔草草，聊以自娱”，书与画更多的是超脱于功利之外的宁静与快乐，“文心游艺”是文人画的美学思想。

受聘为张伯驹、潘素故居纪念馆顾问

北京市西城区后海南沿26号有座张伯驹[①]、潘素故居纪念馆，这里原是张伯驹、潘素夫妇晚年的住宅。张伯驹、潘素夫妇唯一的女儿张传彩继承了这所私宅。她努力推动纪念馆的建成，并在78岁时搬离该院。张传彩及其儿子楼开肇同文化部直属的中华社会文化发展基金会合作建设此纪念馆。2011年6月19日上午，纪念馆正式揭牌成立。

2014年　和张伯驹女儿张传彩在中国美术馆

张伯驹是著名收藏家，他将自己一生收藏的价值1136亿元的藏品全部捐给了故宫博物院，我由此对他十分景仰。张伯驹女儿张传彩也是一位书画家，经京城友人引荐，张传彩女士专程来到我在京的画室。进屋后，她看到我满墙的书画作品，仔细看后，表示赞扬。我说："我是唐云弟子，来京不久，请多多指

《仙灵图》 钟天铎

教。我也搞书画收藏，很早就景仰您父亲的高风亮节，也读过你父母的画集。”张传彩对我说，纪念馆建立起来后，她希望有更多的资深收藏家、书画家来建言献策，以传承好老一辈的精神。这次会面后，过了几日，张传彩女士特意请人给我送来了纪念馆顾问聘书。

我在北京的10年里多次与她相会，2014年，我在中国美术馆举办书画展，特别邀请张女士出席。书画展闭幕后举办了答谢晚宴，我特意请她坐我旁边，出于敬意，我给她夹菜，她连声说：“感谢！感谢！”

张伯驹潘素故居纪念馆
Zhangboju Pansu Memorial Mansion

聘字第0040号

钟天铎 贵君

就 贵君在文化艺术领域的卓越成就与贡献，经研究决定，特聘为文化部中华社会文化发展基金会《张伯驹潘素故居纪念馆》顾问委员会委员；共同携手促进社会文化发展与弘扬中华民族精神。

特颁此聘书，以为资鉴。

Dear Honorable Mr. Zhong. Tian duo

As your excellent achievement in Culture and Art, we here to invite you as the Commissioner of the Consultant Committee of China foundation for the development of social culture《Zhangboju Pansu Memorial Mansion》, we are together to promote the Social Cultural development and to enhance Chinese National spirit.

So here to state with Honor.

General Director: KaiZhao Lou
June 19th 2011

馆长：

贰零壹壹年陆月壹拾玖日

张伯驹、潘素故居纪念馆顾问聘书

①张伯驹（1898—1982）

别号游春主人、好好先生，河南项城人。爱国民主人士，收藏鉴赏家、书画家、诗词学家、京剧艺术研究家。1956年，张伯驹将自己收藏的珍贵文物捐给了国家，包括西晋陆机《平复帖》、隋展子虔《游春图》、唐杜牧《赠张好好诗》、宋范仲淹《道服赞》、蔡襄自书诗册、黄庭坚《诸上座帖》、元赵孟頫《千字文》等。

山西大同徐悲鸿真迹作品展

2012年7月，为纪念徐悲鸿[①]先生逝世60周年，弘扬徐悲鸿先生的爱国主义精神，促进国际间的文化艺术交流，大同市人民政府、徐悲鸿纪念馆及《中华国粹》杂志社在山西大同和阳美术馆隆重举办了艺术巨匠徐悲鸿真迹暨国际美术作品展，美国、加拿大、德国、日本、菲律宾、马来西亚、新加坡、韩国等多国艺术家应邀参加了展览。我为这次高规格的艺术展览题写了会标。

开幕式后，我和徐夫人廖静文女士一起坐着轮椅走进展厅。廖女士在前，我紧跟其后，走到素描《徐夫人像》前，她让助手停下轮椅，回过头对我说："这幅画像就是当年先生为我画的，那时我才20岁呢。"我点点头，我想她对这幅70年前的画一定怀有无比的深情，因为那时的她正值风姿绰约，这是她的青春记忆！

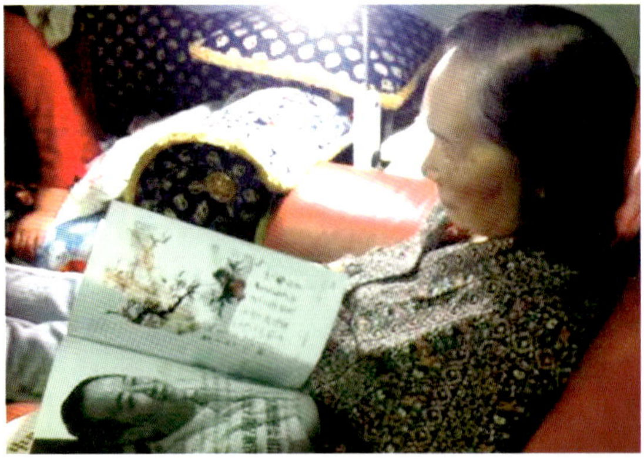

2015年5月　廖静文在北京寓所

廖静文1939年考入中央美术学院，1945年与徐悲鸿结婚后，一直协助丈夫工作并照顾其起居。徐悲鸿去世后，1953年至1956年，为了写好《徐悲鸿传记》，廖女士进入北京大学学习。毕业后，她担任徐悲鸿纪念馆馆长，并开始撰写《徐悲鸿传记》，历经磨难，终于1982年完稿。

2015年5月，我的好友去廖静文家看望她，只见老人躺在沙发上，正在翻阅我的画册，还不停地说，画得真好。友人顺手用手机拍下了这张珍贵照片。谁也没料想到，友人那次探望后不到一个月，6月16日晚，廖静文竟在家中溘然长逝。而这幅照片可能就是老人留在世上的最后一张照片。老人去世后，朋友将这张照片发给了我。每当看到这幅照片，我都会想起与她在大同的相会。

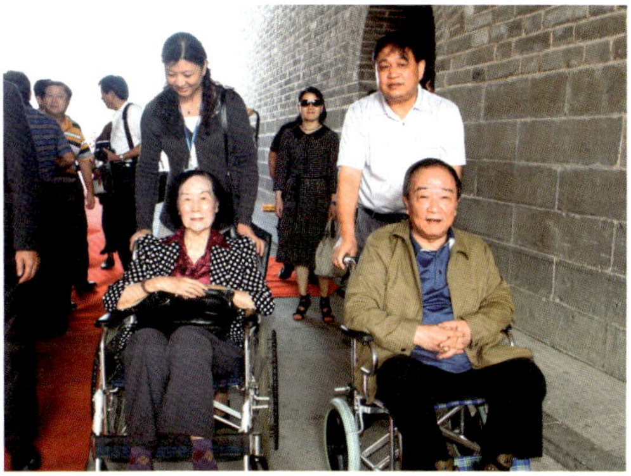

2012年7月　与廖静文女士出席徐悲鸿画展

2012年7月　与徐悲鸿儿子徐庆平（后右1）在大同

①徐悲鸿（1895—1953）

江苏省宜兴县屺亭镇人，中国现代画家、美术教育家。徐悲鸿被尊称为中国现代美术教育的奠基者。擅长人物、走兽、花鸟，尤以奔马享名于世。主张现实主义，强调国画改革融入西画技法，作画主张光线、造型，讲求对象的解剖结构、骨骼的准确把握，并强调作品的思想内涵，对当时的中国画坛影响甚大。

1953年9月26日徐悲鸿病逝，按照其遗愿，夫人廖静文女士将他的作品1200余件，他一生节衣缩食收藏的作品1200余件及图书、画册、碑帖等1万余件全部捐献给国家。

到山西忻州交流书画艺术

我在北京10年，交了许多书画界朋友，其中也有慕名前来拜师的学生。山西忻州的杨俊明就是其中一位。杨君喜欢书画，在忻州开了一爿画廊。2012年8月，在他的盛邀下，我与《中华国粹》社长李浪木结伴开车400多千米，来到山西忻州，与当地书画爱好者进行交流。

平生第一次去忻州，我入住宾馆后才知道忻州古称“秀容”，素有“晋北锁钥”之称。忻州拥有佛教圣地五台山，境内的南禅寺和佛光寺都是千年古寺，被列入我国最古老的四大国宝级唐构建筑之列。

一提到忻州，我就想起了梁思成、林徽因夫妇于1937年6月26日手持敦煌壁画61窟《五台山图》，骑着小毛驴，在寂静深山之中，发现了藏匿1100多年的五台山佛光寺东大殿的故事。他俩在密布灰尘与蛛网的大梁上发现了题记墨迹，确认大殿建造于唐大中十一年（857）。从此，这座佛光寺大殿被誉为中国古代木结构建筑“第一瑰宝”。

在忻州的几天，我作画饮酒、高谈阔论，忻州人豪爽、热情，对传统和书画的热爱给我留下深刻印象。

2012年　与山西忻州学生合影

《花果图》　钟天铎

怀念老友黎明中

2013年6月12日，我在北京，一位山东友人陪着一位江西书家来找我。刚进门，友人就介绍说："这位黎先生[①]是江西书法名家，2010年曾在中国美术馆举办过个人书法展。"我请二位入座后，递上一本《钟天铎书画集》给这位客人。他不善言语，看了足有半小时，终于开口对我说："写得实在好，我喜欢，我想跟你学，你看怎么样？"我说："好啊。"他接着说："我们省去拜师环节，多往来，多切磋。"我表示同意。

2013年　与黎明中友人合影

双方介绍后，我才知道他叫黎明中，是江西省书法家协会名誉主席。他拿出一本自己的书法集，问道："你看我今后应该多写点什么？"我看了他的书法集后对他说："你现在帖写得太多，碑临得太少。"他点点头："确实，我碑临得很少。"我们交谈中聊到了南昌的青云谱道院，还聊到了八大山人。黎主席热情邀请我去南昌交流，我欣然应诺，他说想求我一幅字，我说等去南昌交流书法时我们交换吧。后来，2013年我们在南昌彼此交换了书法作品。

万万没有料到，2014年3月8日，载有239人的马航MH370航班在飞往北京途中失联，154名失踪的中国乘客名单中包括24位中国书画家。后来人们得知，这个书画艺术代表团于3月5日在马来西亚吉隆坡举办了"中国梦·丹青颂"书画交流笔会。这些书画家来自北京、上海、山东、江苏、江西、四川和新疆等省区市，是近年来规模最大的赴马书画交流团，江西书画名家黎明中也在这次空难中不幸失踪，我听到消息后深感悲痛。

2013年　在南昌与黎明中一起挥毫

2013年　与书法家黎明中（前左2）在南昌合影

①黎明中（1945—2014）

爱好书法及文学，在诸多报刊发表散文、杂文计上百万字。1999年，启功大师亲自推荐其加入中国书法家协会。2004年，黎明中被《中国人物年鉴》收录为中国书法名家之一。我国著名书画家、国学大师、“兰亭奖”终身成就奖获得者。王学仲先生评论黎明中作品“散透着大气、秀气、灵气和才气”。

参观南昌八大山人纪念馆

我在研习中国画时，最喜爱明清文人画，它是中国绘画中独具特色的风格体系。明清时代，士大夫文人画家以画为乐，以画为寄，甚至以画泄愤，文人画作者多具备较全面、较深厚的文学修养。在创作上，他们强调个性表现和诗、书、画、印等多种艺术形式的结合。著名美术家陈师曾说："文人画之要素，第一人品，第二学问，第三才情，第四思想，具此四者，乃能完善。"

文人画派中我最推崇清初画坛"四僧"之一的八大山人，其绘画作品多寄托着对清王朝的痛恨和对明王朝的眷恋之情。他的水墨苍老荒寒，取意怪诞，一花一鸟，一眼一神，都表现出反抗、鄙视、轻蔑的精神，一副"白眼向天"的神情，真切表达出画家的哀怨及受欺又不屈的坚韧。

2013年5月，我和北京书画界的友人来到南昌，首先就去造访位于南郊青云谱道院的八大山人纪念馆，这是中国第一座古代画家纪念馆。青云谱道院大门石额刻有"青云谱"三个大字。相传2500余年前，周灵王之子在此开基炼丹。八大山人自39岁开始在这里度过了23年佛教徒生涯，成了这所道院的开山祖师。他亦僧亦道的生活，主要不在于宗教信仰，而是为了逃避清王朝贵族对明朝宗室的政治迫害，借以隐蔽和保护自己。

这次与我同行的还有河北省画院院长、河北省美术家协会副主席南恽笙，《中华国粹》杂志社李浪木等。

2011年 《蒲华咏竹诗意图》 钟天铎

1985年 《山雨欲来》 钟天铎

与北京书画界友人在八大山人纪念馆合影

在京艺术事业渐上高峰

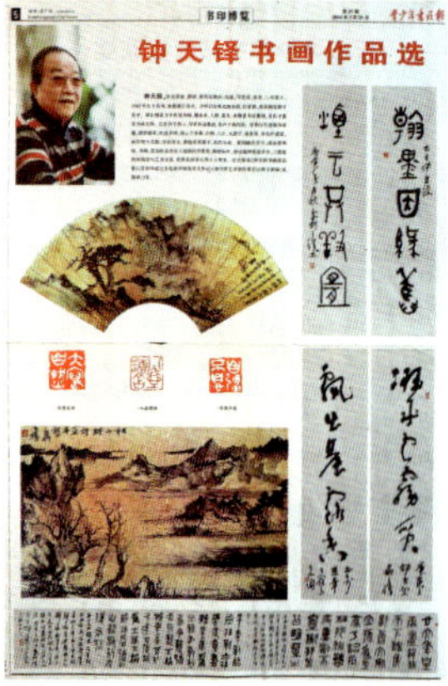
钟天铎书画作品选

2014年　青少年书法报

展事 62

钟天铎书画作品展

2013年　美术报

2013年，是我客居北京的第8年。8年间，我认识了许多艺术圈的朋友、媒体朋友，北京不愧是中国的艺术中心，我庆幸自己从美国回来后选择来北京发展。

北京有许多艺术类的报刊杂志，如《中国书画报》《中国文化报》《中国书画家报》《美术报》等，通过这些媒体，我的书画作品被越来越多的同行所关注，并且得到更多同行的认可。

2013年2月，中韩文化艺术交流画展在宋庄举办，我应邀出席了画展开幕式，和来自韩国的艺术家进行了友好交流，并与韩国文化艺术协会理事长池桑九、会长姜信雄一起为画展剪彩。

2013年5月22日，由杨晓明及谢权熠策划，央视新影制作中心、《中国当代画家》编委会主办的“钟天铎书画作品展”在北京大学百周年纪念讲堂开幕，在一周的展览期间，许多学子前来观展。在文化艺术多元化的首都，我的文人画和带有金石气的书法获得了北大师生的赞许。

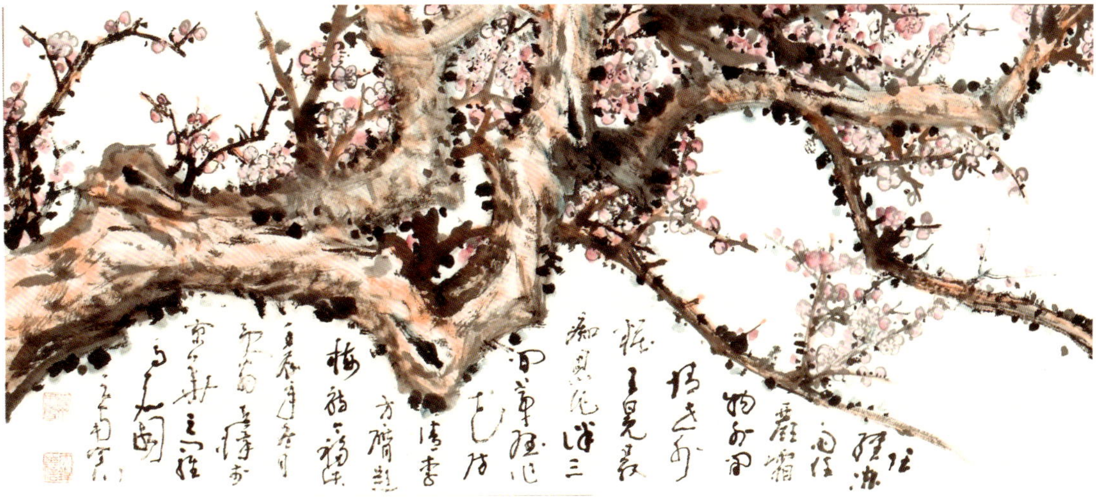

2013年 《春常在》(局部) 钟天铎

2013年2月 在宋庄中韩文化艺术交流画展上合影

2013年 《艺镜》主编谢权熠和策展人杨晓明

钟天铎书画展在中国美术馆开幕

2007年移居北京，我的第一愿望就是想在中国美术馆举办一次个人书画展。这恐怕也是中国数以百万的书画家的终极目标。艺术家如何界定自己的水平和在圈内的地位？中国美术馆是一把比较公平、公正的尺子。

来到北京后，我通过咨询了解到，想在中国美术馆举办个人书画展有三道门槛。第一，必须有作品被中国美术馆收藏过。这一条没有问题。1986年，我入选全国第二届中青年书法篆刻作品展，获得优秀奖，有一幅作品被中国美术馆收藏。第二，提供省级以上美协的推荐信。这条我也没有太大问题，我是1982年苏州首批加入中国书协的会员。第三，需要全国知名美术评论家对作品水平的认可与评价。这一条如何解决为好呢？北京有无数这方面的专家，找谁好呢？在友人推荐下，著名美术评论家尚辉认可了我，并为我策划了这次展览。

钟天铎书画展开幕式现场

开幕式上主旨讲话请谁好呢?《中华国粹》杂志社主编李浪木为我找了美术史论家、评论家、中国人民大学教授陈传席。陈教授说:“苏州的书画家我都很熟悉的,没有听说过这个人啊。”李主编拿出我的作品集请陈教授过目,他看后说:“这个人怎么我不知道。看来他不张扬的,得了这么多全国大奖,这个水平,我会出席。”

经过半年多的精心准备,2014年8月14日,由中国书法家协会、江苏省书法家协会、江苏省美术家协会主办,古吴轩出版社协办的“艺术生命传承——钟天铎书画展”终于在中国美术馆开幕。

这次展览汇集了近百幅我不同时期的精心之作。中国书协顾问张飚、中国人民大学教授陈传席、中宣部秘书长官景辉、江西省原副省长孙希岳、央视原副台长洪民生为书画展剪彩。

新华社、中央电视台、《人民日报》《中国艺术报》《美术报》《书法报》《美术》杂志、《中华国粹》杂志、人民网、新华网、新浪网、雅昌艺术网等60余家媒体及来自全国各地的书画家500余人参加了开幕式。中国书协名誉主席沈鹏发来贺信,沈鹏先生对我的艺术创作给予了充分肯定和高度赞誉,他说:“钟天铎先生以坚强的毅力扎根传统,锲而不舍,持之以恒,将帖的洒脱、碑的厚重和篆刻的金石韵味糅合在一起,形成了遒劲古拙、浑厚朴茂的独特风格。他这种不事浮华、潜心艺术的精神应该提倡。”

钟天铎书画展览现场

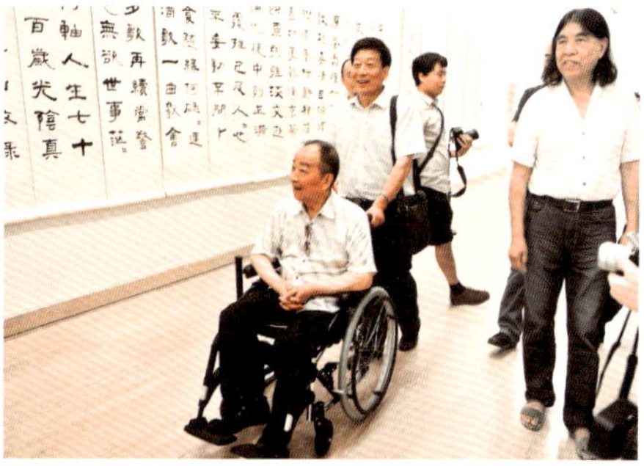

著名画家杨明义(右)在参观展览

钟天铎书画展学术研讨会

2014年8月15日下午，在中国美术馆举行了钟天铎书画展学术研讨会。主持人杨晓明说，在展览开幕前，他陪陈传席教授在大厅观赏了钟老师的作品。陈教授看后，用很惊讶的语气说："没想到苏州还有这么好的画家。钟先生的学术之风承袭了上世纪的悠远文化。"

陈传席发言

著名美术评论家、中国人民大学教授陈传席在讲话中表示："苏州是吴文化的发祥地和集大成者，文化底蕴非常厚重，苏州更是从古至今在全国画坛名家辈出的城市之一。钟天铎的书画作品，格调高古朴茂，看得出是画家潜心修炼的结果，功底十分深厚。应该说钟天铎先生是民族传统文化的忠实传承者和弘扬者。"

中国画学会副会长兼秘书长、著名美术评论家孙克说："钟天铎的书法我的感觉是多少年的功力、天分、学养、人格都凑齐了。他的大字气势磅礴，金石气非常浓厚，力透纸背，他完全掌握了书法的精髓。这样扎实的功底，写得这么好，而且又有韵味，有才华，像他这样的书法家确实不多。"

孙克发言

谢权熠发言

《艺镜》杂志主编谢权熠评论道："钟先生的金石中有海派技法，小画更具有文人风格。他的小画一点不脏，很干净，款也很有古法。他的画融入了金石味，是传统文人做派，金石味和文人气融合，带有浪漫主义色彩，跟苏州的文化是相协调的。"

《中国画品》主编刘洪郡谈道：“钟先生的绘画，是以书入画，金石气和钟鼎味特别浓。他的画一看就让人想到青藤、白阳、八大、石涛、董其昌、吴昌硕。钟先生早年画了许多素描和水彩，他对绘画的结构和色彩非常敏锐，这次展览中的千年古松，枝干非常有震撼力，他把自己的艺术理念糅和进去，体现出了自己的风格气质，笔墨空灵，脉络清晰。”

唐逸览发言

上海中国画院画家唐逸览说：“唐云的学生中，钟天铎是第一个在中国美术馆举办个人书画展的，不简单。”听到这句话，我感到无比欣慰，恩师去世20年了，我用毕生的艺术成果在这里告慰恩师在天之灵。

钟天铎书画展学术研讨会现场

在故宫参加纪念沙曼翁百年诞辰活动

2015年11月，由中国书法家协会、故宫博物院共同主办的“沙曼翁百年诞辰纪念暨学术研讨会”在故宫博物院建福宫隆重举行。中国文联、中国书协、江苏省文联、故宫博物院有关领导和来自全国各地的书法艺术专家、学者，沙曼翁的家人、学生代表等百余人参加了纪念活动和学术研讨会。

2015年　故宫沙老百年展

纪念活动由中国书协副主席言恭达主持。中国文联副主席杨承志，中国书协主席张海[①]，江苏省委宣传部副部长、省文联主席章剑华，故宫博物院常务副院长王亚民等在纪念会上发表了讲话，高度赞扬沙曼翁先生高尚的人品和卓越的艺术成就，深刻阐述了沙曼翁艺术思想的时代意义。学术研讨会上，来自全国各地的二十多位书学理论家分别从沙曼翁先生的治学理念、审美品格、艺术创变、批判精神等不同角度，阐述了沙曼翁的学术贡献与时代价值。有学者指出，沙曼翁先生的书法篆刻艺术，承周秦吉金石鼓之气韵，继汉唐碑帖之风神，从清代碑学的藩篱中走出来，开辟了一条当代碑帖相融的写意新路。从某种意义上说，他是继吴昌硕后的又一高峰。

沙老的第三子沙培德邀请我去北京参加此次活动。在展会上，我又见到了遇见了中国书协名誉主席张海和副主席言恭达[2]。我们都是很早就相识了，这次在北京相会，真是难得！大家互致问候，畅叙情谊，拍照留念。

与张海合影

与言恭达合影

①张海

1941年9月生于河南偃师市。现任中国书法家协会名誉主席，全国政协书画室副主任，河南省文联名誉主席，郑州大学书法学院院长、博导，河南省书法家协会主席，郑州大学美术学院院长，河南省书画院院长等。2018年被中国文联授予“中国文联终身成就书法家”称号。

②言恭达

1948年2月生于常熟，言子后裔。国家一级美术师、江苏省书协副主席、中国书法家协会副主席、中国书法家协会篆刻专业委员会主任、江苏省文学艺术界联合会副主席、中国标准草书学社副社长，受业于著名书画家沙曼翁、宋文治先生。

216 钟衡拜师著名篆刻家韩天衡
218 结识陆少俨弟子王震铎
220 结识钱币收藏家徐建新
222 在上海韩天衡美术馆举办『水墨人生』艺术展

第九章

艺海无涯

2017—2023

钟衡拜师著名篆刻家韩天衡

韩天衡[1]先生是我佩服的同辈，是著名篆刻家、书法家。他在书法、国画、篆刻及美术理论等方面都取得了非同凡响的成就，尤其他的鉴定和收藏在国内外获得过无数殊荣。二十多岁时，他的篆刻已经得到书画界谢稚柳、唐云、陆俨少、程十发、李可染、李苦禅、应野平等巨匠们的认可。1980年，韩天衡正式调入上海中国画院，与画师张森带领上海青年宫一批年轻的书法篆刻研究小组成员来苏州工人文化宫进行交流。当时，我正在负责苏州工人文化宫职工业余书法篆刻研究小组活动。韩兄的到来，给我们研究小组成员极大的鼓舞和激励。

钟衡拜师现场

记得韩天衡在做篆刻讲座时，反复提及清代篆刻家吴让之。恰好，我对这位在明清篆刻史上具有举足轻重地位的人物也特别关注。我藏有一方他的"十二砚斋"印章，忍不住将这件事告诉了韩天衡。他叫我马上拿来给他鉴赏。次日，我把这方印带去，他看了又看，激动得不得了，后在边款上题刻"三月不知肉味"。

2019年春，友人突然告诉我："韩天衡要来看看你。"时隔40年，韩天衡先生还记得我？虽然上海、苏州相隔近，但在同行间谁都不会轻易打扰对方。我想这次会晤韩天衡先生，是否能促成一件美事？儿子钟衡最近一直在学习书法篆刻和书画鉴定，能否拜韩天衡先生为师呢？

2019年5月的一天，韩天衡先生欣然来到我家。我们谈起书画篆刻，无拘无束，畅谈甚欢。韩天衡看了我的一些收藏，还邀请我有机会去上海办展。我向韩天衡提出请求："能否收我的儿子为徒弟？他正学习书画和鉴定。"韩天衡欣然同意。我说："我们一家必定和您有天然缘分，因为您的大名中包含一个'天'和一个'衡'，把我都包括在内了。"韩天衡哈哈大笑。他说，他以前来苏州时常会问："天铎在哪里？"有时人们说"去美国了"，有时又说"在北京"。"这次终于在苏州见面了，我们以后要常来常往啊。"

2019年12月14日，钟衡去上海韩府正式行了拜师礼。韩天衡先生深情地对钟衡说："我的儿子与你会成为好朋友，你们一起努力吧。"

韩天衡先生来我家做客

①韩天衡

1940年出生于上海，祖籍苏州。别署百乐斋、味闲草堂、三百芙蓉斋。擅书法、国画、篆刻、美术理论及书画印鉴赏。2014年荣获中国书法最高奖"兰亭艺术奖"榜首。2016年被命名为上海市非物质文化遗产项目"海上书法"代表传承人。2013年收藏他个人捐赠国家1136件艺术珍品的韩天衡美术馆在嘉定正式开馆。

结识陆俨少弟子王震铎

常熟是我老友曹大铁的故乡，在20世纪七八十年代，我经常前往常熟，对这个地方怀有特殊感情。

2021年11月18日 与王震铎合影

我的学生小缪在常熟书画界有很多关系，多次邀请我去常熟与同行切磋交流。2022年11月，小缪陪我前往常熟文联创作室，拜访了陆俨少的弟子王震铎[①]先生。虽然初次见面，我们却有一种旧识重逢的感觉。几十年来，我们都沉浸在水墨之中，并互相耳闻对方名字。王老说："我很早就知道你的大名。"我们聊起了常熟名家曹大铁的许多轶事，对这位常熟的"奇人"频频称赞。

中午，王老约请了常熟书画院的郑济炎、汪瑞章、郑棣青、唐承熙等书画家一起小聚。这次常熟之行，让我原本"岁月静好"的生活泛起了涟漪。通过交流，书画艺术家们互相沟通、信息共享，大家都希望这样的交往能够经常进行。

2021年11月18日　与常熟画家们雅聚

①王震铎

1948年生于上海。初中时就边读书边学画。他的启蒙老师陈青野为吴湖帆“梅景书屋”入室弟子，为民国时期著名画家。王老入其室而得其传。后仰慕沪上名家陆俨少先生，陈师毫无门户之见，亲自陪同王老上门拜师。1979年7月19日，王老在上海用传统方式完成拜师，成为陆俨少门人。拜师后，其山水画作技艺大进，恩师为褒奖他，为其画室铭题“云在堂”，拾取杜甫句“水流心不竞，云在意俱迟”，寄语弟子应有心物相凝，心境平和胸怀。

结识钱币收藏家徐建新

“东乡十八镇，梅李第一镇”，拥有悠久文化历史的梅李古镇自古以来备受推崇。公元908年，吴越王钱镠派遣两位武将率军驻扎于此，军需形成了市场，城镇也就繁荣了起来。这两位武将分别是梅世忠和李开山，梅李镇因他俩而得名。

梅李建镇已有千年历史了，镇中心有座“聚沙园”，因始建于南宋的“聚沙百福宝塔”而得名。聚沙塔影、古木清风、亭台水榭，绿树成荫。聚沙园内有座徐建新钱币博物馆，主人徐建新[①]是我在艺友室时的学生。

南宋的聚沙百福宝塔

关于我和徐建新的故事，回忆起来仍然让我感慨万千。1985年年初的一天，我正在艺友室里刻章，一个青年走进来，看到我的作品，便提出希望拜我为师，学习篆刻。他告诉我他叫徐建新，业余爱好是收藏古钱币，但是钱币上的很多文字都不认识，希望我能够教导他。我看得出来他很认真，而且很有学习的决心，于是我对他说：“你可以在星期天休息时来找我，我会为你解答问题。”这种师徒关系和我当年向陈邦福、朱季海学习的情况非常相似。

之后的每个星期天早上，这位青年便骑行60千米从常熟来到我的艺友室，向我请教篆刻和古文字，晚上再骑回家。他说自己平时工作是打铁，看起来确实很有干劲。有时候晚了，担心他饿肚子，我便留他吃晚饭。时隔近40年，这位学生依然记得我。近日我去常熟看望他，发现这几十年来，徐建新非常努力，创办了三家民办博物馆，还自学英语，在网络上每天介绍钱币知识，已成为国内知名的钱币学专家。看到他的成长，我也感到非常欣慰。祝愿他的钱币博物馆能够吸引更多的观众和爱好者。

2021年11月18日　在徐建新钱币博物馆门口合影

2021年11月18日　与徐建新在钱币博物馆合影

①徐建新

1958年11月生，常熟人，著名钱币收藏家、钱币学家、徐建新钱币博物馆馆长。1992年元旦，创办常熟市徐建新钱币博物馆，其前身是1988年5月成立的“石斋钱币陈列室”，这是常熟历史上第一家博物馆，也是新中国成立后第二家获批的民办博物馆。目前，徐建新已经创办了全国第二家木工木作类博物馆——徐建新木工木作工具博物馆和全国第一家孝爱类博物馆——徐建新孝爱文化博物馆。这三家特色博物馆既宣传了常熟历史文化名城，也弘扬了中华民族货币文化。

在上海韩天衡美术馆举办“水墨人生”艺术展

2022年，韩先生邀请我去他的美术馆举办一次书画篆刻作品展。我和韩天衡相识于1980年，四十多年来，韩先生在书画篆刻艺术上取得了令人瞩目的成就，能够在上海韩天衡美术馆举办个展，我期盼已久。韩先生为我的此次展览题写了“水墨人生”会标，这是对我一生从事书、画、印艺术的高度认可。

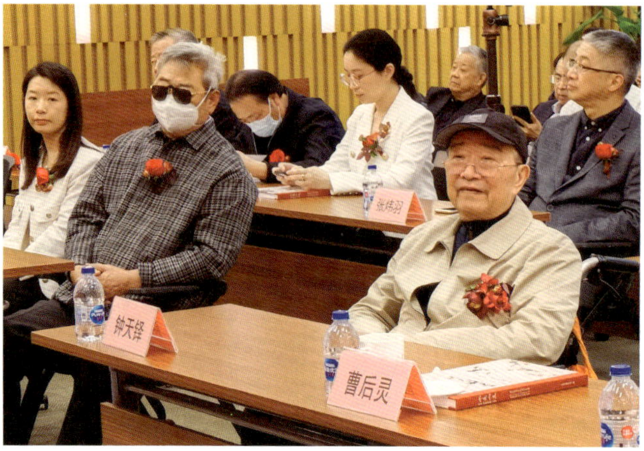

韩天衡先生（左2）出席揭幕仪式

作为迎接上海韩天衡美术馆开馆十周年的系列活动之一，由上海韩天衡美术馆主办，上海百乐雅集艺术中心、东吴印社协办的“水墨人生——钟天铎艺术展”于2023年4月28日在上海韩天衡美术馆隆重揭幕。

苏州市政协副主席、政协书画室主任曹后灵，江苏省国画院主任、苏州国际文化交流中心理事长陆衡，西泠印社社员、东吴印社社长林尔先后致辞。钟衡代表我向韩天衡美术馆赠送书法作品，美术馆向我颁发了收藏证书。

韩天衡先生、曹后灵副主席、金芬副局长、张伟生主席、薛春泉社长、周雪根顾问、张炜羽馆长为画展剪彩。这次展览展出了我的书法作品33幅、国画47幅、篆刻作品5部。

新华社、中国文旅、今日头条、新华报业网、引力播、搜狐网等各大媒体都对展览进行了报道和宣传。

展览揭幕式嘉宾合影

展览现场

苏州市政协副主席曹后灵等在观展

“水墨人生——钟天铎艺术展”剪彩仪式

钟衡（左）代表钟天铎先生向韩天衡美术馆赠送书法作品

后记

我与天铎之缘

钟天铎先生是苏州一位特立独行的书画篆刻艺术家。他有足疾，但从小立志要当画家。两次被艺校拒之门外，仍初心不变。以常人难以承受的艰难自学素描、水彩和书法，并研读碑帖拓本，研习篆刻。他师事名家，又突破窠臼，自创风格，在书画篆刻艺术领域取得了傲人成就，获得了书画界的高度评价。天铎的艺术人生犹如一部励志教育片。

我和天铎之缘始于1979年。那时我在沧浪区少年宫从事摄影工作，1980年5月，钟先生与沙曼翁在东园明轩举办画展，我为他们拍摄了一组照片。1985年，钟先生创办了“艺友室”，我又为他留下珍贵影像。

1991年8月28日，我路过南林饭店，巧遇钟先生，他说唐云先生刚到苏州，叫我随他去见唐老。那天我不仅为钟先生拍了一张他十分满意的合影，还拍了一段录像，今天重温，弥足珍贵。

2022年，钟先生为我的《苏州影记》题写了书名，还请杨明义为我写了一篇序言。

同年2月，钟先生委托我为他整理数年积攒的照片，借此契机，我尽心尽力花了一年半时间，根据他的口述，一边编撰文字，一边寻找相关图片，在众人的帮助下终于完成了这部图文并茂的自传文集。在本书的编撰过程中，钟先生对文字内容和叙述事实进行了反复斟酌和多次核实。钟先生说，这是一本简化版的自传，碍于篇幅和记忆，书中所述的也只是他“八十年人生的三分之一内容，三分之一因年纪关系忘了！另外的三分之一不便讲，敬请读者谅解”。

本书在编撰过程中，得到了许多朋友的支持，如苏州市档案馆董文弢、苏州市图书馆张晞、苏州市博物馆研究员李军、陈邦福之子陈治华、管牧、孙文波、万灵、钟恩美、张志刚、浅见满、岛津信作等人，谨在此表示诚挚的谢意！

2023 年 4 月 20 日